오른쪽 페이지 위쪽에 시각장애인을 위한 음성인식 바코드가 있습니다. 별도의 음성인식 기기를 이용하면 본문 내용을 소리로 들을 수 있습니다.

TV동화 행복한 세상
8

TV동화

행복한 세상

8

기획·구성 | 박인식(KBS 한국방송 PD)

샘터

괜찮아요……
사랑해요……

당신의 고백에 마음이 따뜻해집니다.
세상 두려울 것 없는 자신감이 생깁니다.
내일에 대한 희망으로 가슴이 벅찹니다.

이제 제가 고백할 차례입니다.

미안해요……
고마워요……
행복해요……

__________ 님께 한 걸음 더 가까이
다가가고 싶은 저의 마음을 전합니다.

차 례

1 미안해요_ "당신의 진심을 몰랐어요"

2 사랑해요_ "당신의 사랑이 나를 살게 합니다"

3 행복해요_ "아이야, 너는 감동이란다"

4 고마워요_ "당신이 큰 힘이었어요"

5 괜찮아요_ "내일은 더 좋은 사람이 될 거예요"

오해했던 당신의 마음을,
지나쳤던 당신의 진심을,
이제야 깨달았습니다.
이제야 비로소 당신을 이해할 수 있습니다.

1

미안해요 “당신의 진심을 몰랐어요”

엄마의 가슴

"아줌마, 나 우리 집에 좀 데려다줘. 응?"

"엄마…… 엄마 집은 여기예요. 그리고 나는 아줌마가 아니라 엄마 딸이고요."

마흔 살 노처녀 외동딸 걱정에 하루도 마음 편할 날 없던 엄마가 결국 치매에 걸리셨습니다. 저 때문에 까맣게 속 태우다 이렇게 되신 게 아닐까 생각하니 가슴이 미어졌습니다.

그러다가 설을 맞이하게 됐습니다. 엄마가 치매에 걸리고 나서 처음 맞는 명절이었습니다. 혼자 음식 준비를 하고 있자니 어쩐지 마음 한구석이 허전했습니다. 명절 때마다 엄마가 음식을 만드시면 저는 옆에서 거들며 하나씩 집어먹곤 했는데, 그런 정다운 시간들을 모두 추억으로만 간직해야 한다는 생각 때문이었을까요. 이제는 제가 엄마의 자리, 엄마의 역할을 대신해야 했습니다.

"엄마, 여기 있지 마시고 방에서 편안하게 텔레비전 보세요."

"싫어! 나 아줌마 옆에 있을래!"

엄마는 어린아이처럼 옆에 꼭 붙어서 제가 음식 만드는 모습을 지켜보셨습니다.

"엄마, 뭘 그렇게 유심히 보세요. 저 잘하나 못하나 감시하시는 거예요? 어때요, 저 잘하죠?"

"잘하긴 뭘 잘해? 아줌마! 그렇게 하면 신랑한테 소박맞는다."

"뭐라고요? 엄마도 참……. 하하하!"

온종일 지지고 볶고, 간신히 차례음식을 다 마련했다 싶어 한숨 돌리려는데 떡국 끓일 떡이 없었습니다. 얼른 외투만 걸치고 서둘러 시장에 갔습니다.

그런데 돌아오니 집 안이 난장

판이었습니다. 준비한 차례음식들이 모두 바닥에 내동댕이쳐져 있었습니다. 울컥 눈물이 솟구쳤습니다.

"엄마…… 도대체 이게 뭐예요…… 흑흑흑……."

음식을 다시 해야 하기 때문이 아니었습니다. 음식이야 얼마든지 다시 하면 되지만, 허물어진 엄마는 어떻게 다시 일으켜야 하나 막막했기 때문입니다.

"어엉?"

슬픈 표정으로 저를 바라보고 계시는 엄마를 보자 감정이 더욱 북받쳤습니다. 그때 갑자기 엄마가 찬물을 벌컥벌컥 들이켜더니 손으로 가슴을 쓸어내리셨습니다.

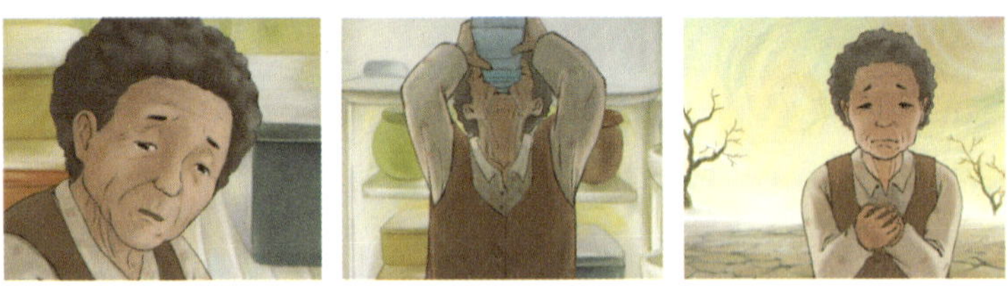

"아줌마…… 나 여기가 너무 뜨거워…… 가슴에서 불이 났나 봐……."

'아……!'

순간 가슴이 쿵 내려앉는 것 같았습니다. 더 이상 엄마의 가슴을 아프게 하면 안 되겠다는 생각이 들었습니다. 고단한 삶의 무게에 짓눌리고 갈라진 엄마의 가슴에 제 눈물 한 방울 한 방울이 얼마나 아프게 스몄을지 그제야 알 것 같았습니다. 마음의 병이 엄마의 정신은 앗아갔을지 몰라도 저를 사랑하는 마음까지 훔치지는 못했다는 것도 알았습니다. 저는 두 번 다시 엄마 앞에서 눈물을 흘리지 않기로 마음먹었습니다.

드디어 설날 아침. 한복을 정성껏 차려입고 엄마께 세배를 올렸습니다.

"엄마, 새해 복 많이 받으세요."

"오냐, 아줌마!"

"에이, 엄마. 난 아줌마가 아니라 엄마 딸이에요, 딸! 호호호."

엄마와 함께 웃으면서 마음속으로 고백했습니다.

'미안해요, 엄마. 그리고 사랑해요.'

20년 만의 이해

"당신 정말 왜 그래요?"

"아니, 내가 또 뭘?!"

"아휴, 속상해! 내가 정말 못살아!"

"자꾸 그렇게 소리 지를 거야? 아주 그냥, 짜증나서 못 듣겠네!"

"한 번 얘기했을 때 당신이 제대로 알아들어 봐요. 그래도 내가 큰 소리를 내나!"

지난 20년 동안 부모님은 날마다 똑같은 이유로 다투셨습니다. 아버지는 어머니가 너무 큰 소리로 바가지를 긁는다는 게 불만이

셨고, 어머니는 아무리 이야기를 해도 들은 척 않는 아버지의 무성의한 태도가 불만이셨습니다. 아버지는 더욱더 귀를 막으셨고, 어머니는 더욱더 크게 소리를 지르셨습니다.

그 오랜 시간 함께하면서 서로 한 치의 양보도 없으셨던 아버지와 어머니. 단순히 성격 차이일 거라 생각했습니다. 언어치료를 전공한 작은이모의 권유로 아버지가 청각검사를 받기 전까지만 해도 말입니다.

"우리 남편이 청각장애라고요?"

생각지도 못한 검사 결과에 가족들은 할 말을 잃었습니다. 아버지가 전화벨 소리나 고음의 목소리에 신경질적으로 반응하셨

던 이유가 고주파 음역을 듣지 못하는 특이한 청각구조 때문이라니! 전화벨이 시끄럽게 울릴 때마다 얼마나 괴로우셨을까요.

누구보다 어머니의 충격이 큰 듯했습니다. 당신이 소리를 너무 많이 질러서 아버지에게 문제가 생긴 거라 생각하셨으니 말입니다.

"어머니 잘못이 아니에요……. 특정 음역을 듣지 못하는 사람들의 경우, 주변 사람은 물론 본인도 장애를 인식 못한다고 하잖아요."

하지만 어떤 말도 어머니의 마음을 위로하지는 못했습니다.

"아휴…… 다 내 죄다. 내 죄야. 진작 알았더라면 그렇게 싸우지도 않았을 것을……. 흑흑……."

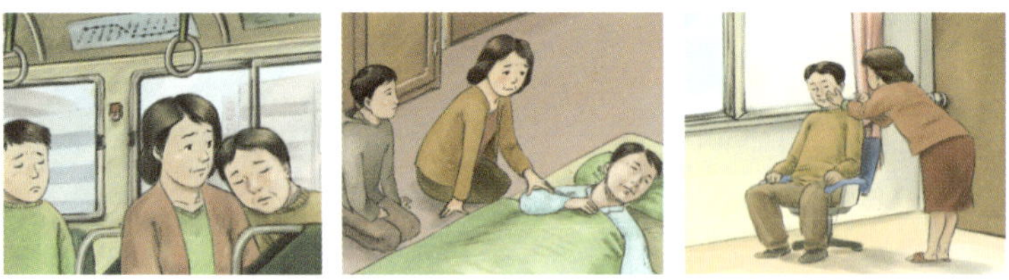

수술은 불가능하다고 했습니다. 대신 아버지는 청각장애 3급 판정을 받고 보청기를 착용하셨습니다.

그날 이후 부모님에게 작은 변화가 생겼습니다. 어머니는 부드러운 목소리를 되찾으셨고, 아버지는 어머니 이야기에 귀를 기울이셨습니다. 불필요한 오해로 서로를 원망하고 미워한 지난 세월이 후회스러워서 남은 세월은 진심으로 이해하며 사시겠다는 부모님. 두 분이 그토록 다툰 이유가 사랑하지 않아서가 아니어서 참 다행입니다. 아버지와 어머니의 황혼 사랑이 더욱더 그윽해지면 좋겠습니다.

세상에서 하나뿐인 친구

"옜다!"

"우와, 귀엽다!"

새해 들어 새 식구가 생겼습니다. 작은아버지가 아파트로 이사하시면서, 키우던 강아지를 마당 넓은 저희 집에 맡기셨거든요. 강아지 이름은 현이. 현이는 얌전하고 온순해서 식구들의 사랑을 독차지했습니다.

그런데 며칠 후, 현이에게 밥을 주러 갔다가 밥그릇에 들어 있는 조립식 장난감을 발견했습니다.

"도대체 누가 이런 못된 짓을!"

짐작가는 사람이 있긴 했습니다. 현이가 오던 무렵 이사 온 옆집 꼬마였어요. 또 그러진 않겠지 싶어 내버려뒀는데 다음 날도, 그 다음 날도 못된 장난은 계속됐습니다. 무엇보다 현이가 다칠까 걱정이었습니다. 그런데 아니나 다를까, 현이가 딱딱한 장난감을 물다가 입이 찢어졌습니다.

'더 이상은 못 참겠다. 오늘은 따끔하게 야단을 쳐야지!'

곧장 옆집으로 달려가 대문이 부서져라 두드리며 소리쳤습니다.

"좀 나와 보세요!"

아이 엄마를 보자마자 저는 대뜸 화부터 냈습니다.

"이 집 꼬마가 던진 장난감 때문에 우리 강아지가 다쳤어요! 어떡하실 거예요?"

"죄송합니다. 정말 죄송합니다. 그런데 실은……."

따끔하게 주의를 주러 갔다가 아이 엄마로부터 뜻밖의 이야기를 들었습니다.

"저희 성현이가 자폐예요……. 집 안에만 틀어박혀 있었죠. 열 살인데…… 친구들과 밖에서 뛰어놀지도 못하고……. 그런데 그 댁에서 '현이'라고 부르니까 저를 부르는 줄 알고 집 밖으로 나가게 된 거예요. 그때마다 강아지가 꼬리를 흔들면서 반겨주니 딴에는 선물을 준다고 그랬다는데…… 그 장난감은 성현이가 제일 아끼는 거랍니다."

"아…… 그런 줄도 모르고…… 죄송합니다……."

"아니에요. 저희가 죄송하죠. 그래도 강아지를 보려고 자꾸 밖으로 나가다 보니 저희 성현이 건강이 많이 좋아졌어요. 고맙습니다."

사정도 들어보지 않고 화부터 낸 저는 얼굴이 홍당무처럼 달아올랐습니다.

그 후 현이는 저희 집이 아닌 옆집 마당에서 뛰놀았습니다. 그리고 제가 담 너머로 현이를 보게 됐지요. 강아지 현이와 교감하며 세상을 향해 한 걸음 한 걸음 내딛고 있는 성현이. 그 둘의 우정이 오래오래 이어지면 좋겠습니다.

단무지 모정

엄마는 재래시장에서 조그맣게 장사를 하십니다. 눈보라가 몰아치던 그날도 엄마는 새벽같이 가게로 나가셨지요. 도시락을 두고 가셨다는 걸 알았지만, 모른 척했습니다. 며칠 전 엄마와 다툰 일로 화가 풀리지 않았기 때문입니다.

'오늘 하루 정도는 사 드시겠지.'

저는 따뜻한 방 안에 누워 그렇게 생각하고 넘겼습니다. 그날 저녁, 매서운 추위에 온몸이 꽁꽁 언 채로 집에 돌아온 엄마를 보고도 본체만체해버렸고요. 뾰로통해 있는 제 앞으로 엄마는 까만 봉

지 하나를 내미셨습니다.

"저녁 아직 안 먹었지? 너 좋아하는 카레 사왔어."

'카레'라는 말에 갑자기 기분이 좋아졌습니다.

"점심은 어떻게 하셨어요?"

"엄마 걱정했어? 오늘은 모처럼 외식 좀 했지."

밖에서 먹는 밥은 누가 사준다 해도 아깝다고 마다하시는 엄마가 외식이라니, 고개를 갸웃거리며 카레가 든 봉지를 열었습니다. 안에는 도시락전문점에서 파는 1,900원짜리 카레 도시락이 들어 있었습니다. 예전에 한 번 먹어본 기억으로는 밥과 카레, 단무지 세 쪽이 들어 있어야 하는데, 엄마에게 건네받은 그 도시락에는

카레만 있었습니다. 순간 울컥하고 감정이 복받쳐 올랐습니다. 엄마는 모처럼 도시락을 샀다가 카레를 보자 제 생각이 나셨던 겁니다. 그래서 카레는 손도 안 대고 마른 밥과 단무지 세 쪽으로 허기를 채우셨던 거고요.

"잘 먹을게요…… 엄마……."

얼음장 같은 손으로 따뜻하게 데워주신 카레밥을 받고 보니 눈물이 앞을 가렸습니다. 눈물 콧물 찍어가며 한 술 두 술 밥알을 삼키는데 목이 메어왔습니다.

벌써 10년 전 일인데도 그날의 일이 가끔씩 문득 떠올라 혼자 가슴 아파하곤 합니다. 제가 엄마가 되고서야 비로소 온 마음 다하고 온몸 다 바쳐 퍼주고도 또 퍼주고 싶은 것이 부모의 마음임을 알게 되

었나 봅니다. 뿌리 깊은 나무처럼 저를 지켜주신 엄마의 사랑, 이제라도 보답하며 살아야겠습니다.

엄마의 머리카락

"너희 엄마 머리카락, 꼭 라면 같아. 큭큭!"

친구들과 집에서 공부하고 있던 고3 가을이었습니다. 입시 준비 때문에 늘 팽팽하게 당겨진 고무줄처럼 긴장하고 있는 상황에서 뽀글뽀글 촌스러운 엄마의 머리 모양은 저를 더욱 예민하게 만들었습니다. 친구들이 엄마를 보고 키득거리기까지 하자 부끄럽고 창피했습니다. 제가 한없이 작아지는 기분이었습니다.

그날 저녁, 저는 엄마에게 다짜고짜 화를 냈습니다.

"엄마! 촌스럽게 머리가 그게 뭐예요? 꼭 시골 아줌마 같잖아요.

친구들 앞에서 얼마나 창피했는지 아세요?”

분명 몇 푼이라도 아끼려고 동네 미용실에 가셨을 거라는 걸 잘 알면서도 속상한 마음을 그렇게 표현해버리고 말았습니다. 사실 그보다 더 신경 쓰이는 건 집 안 여기저기 널려 있는 엄마의 곱슬곱슬한 머리카락이었습니다. 아무 데나 머리카락을 흘리는 엄마 때문에 짜증과 불만은 날로 더해만 갔습니다. 신경 쓰지 않으려고 하면 할수록 엄마의 머리카락은 더욱 눈에 띄었습니다.

“엄마 그만 좀 닦으세요. 공부하는데 신경 쓰이잖아요.”

“어, 그래…… 알았어…… 미안해…….”

머리카락을 치우느라 엄마의 손에는 종일 걸레가 들려 있었습니다. 엄마의

그런 유난스러운 행동이 저를 더욱 예민하게 만들었습니다. 게다가 평소 관심도 없던 모자에 욕심을 내고, 시도 때도 없이 머리를 만지는 등 수험생 딸보다 당신 머리에 더 관심을 쏟으시는 것 같아 서운한 적도 한두 번이 아니었습니다.

그런데 그해 겨울, 입시를 치르고 마음의 여유를 찾은 다음에야 저는 엄마의 행동들을 모두 이해할 수 있었습니다. 엄마의 휑한 정수리를 발견했기 때문입니다. 촌스러운 파마머리를 고집한 것도, 모자를 모으기 시작한 것도, 모두 그것을 가리기 위한 엄마의 노력이었던 것입니다. 그동안 철없는 딸의 투정 때문에 텅 빈 정수리만큼이나 마음이 허전하셨을 테지요. 아주 조금만 관심을

기울였어도 엄마가 무엇을 고민하고 걱정하시는지 알 수 있었을 텐데……. 엄마의 마음을 이렇게도 몰랐다니 자책감이 밀려왔습니다.

늘어가는 주름보다 숭숭 빠져나가는 머리카락을 더 신경 쓰시는 엄마를 위해 저는 선물을 하나 준비했습니다. 열심히 아르바이트를 해서 부분 가발을 샀지요. 무척 기뻐하시는 엄마를 보면서 다짐했습니다. 엄마의 정수리를 채워 드릴 수는 없지만 엄마의 마음만은 허전하지 않게 해드리겠다고 말입니다.

청바지가 잘 어울리는 엄마

"주희야, 이거 엄마가 입었어. 어때? 제법 잘 어울리지?"

순간 기절하는 줄 알았습니다. 제가 유행 지나서 버린 청바지를 입고 계셨거든요. 저도 모르게 웃음이 터져 나왔습니다.

"엄마, 당장 벗으세요. 너무 낡아서 버린 거란 말이에요. 그리고 솔직히 청바지는 젊은 애들이나 입는 거잖아요."

엄마의 얼굴이 빨개지는 것을 보고 아차 싶었지만, 이미 해버린 말을 주워담을 수는 없었습니다.

그리고 며칠 후, 친구와 백화점으로 쇼핑을 갔습니다. 사실 저는 청바지를 무척 좋아합니다. 중학교 때부터 모으기 시작한 것이 지금은 옷장 하나를 꽉꽉 채울 정도지요. 그날 역시 제 눈길을 사로잡은 건 새로 나온 청바지였습니다.

"우와! 이 청바지 예쁘다. 정은아, 나 이거 하나 살까?"

이것저것 구경하고 있는데, 친구가 최신 유행 청바지를 들고 점

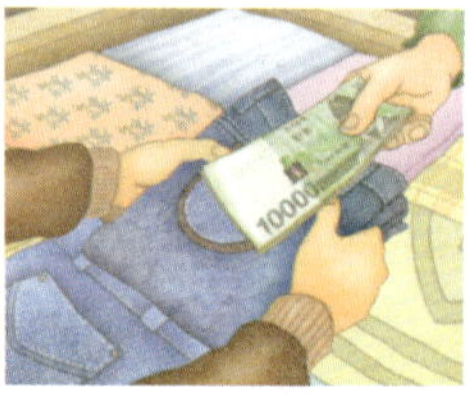

원에게 물었습니다.

“엄마 허리 사이즈가 29인치인데, 이 정도면 맞겠죠?”

“어머니가 입기엔 너무 튀지 않니? 옷은 나이에 맞게 입어야지…….”

그러자 점원이 끼어들었습니다.

“아니요, 그렇지 않아요. 이게 어머니들한테 얼마나 인기 있는 디자인인데요! 한번 선물해보세요. 좋아하실 거예요.”

그 말을 듣고 보니 청바지 입은 엄마에게 핀잔 준 일이 떠올랐습니다. 뒤늦게 잘못을 깨달은 저는 반성하는 마음으로 요즘 유행한다는 그 청바지를 샀습니다. 그리고 엄마에게 선물했지요.

“이야, 엄마! 그렇게 입으니까 꼭 아가씨 같아요.”

엄마는 아이처럼 행복해

하셨습니다. 청바지를 입고 콧노래까지 흥얼거리셨지요. 소녀처럼 발랄하고 생기 넘쳐 보였습니다.

그 모습을 보면서 생각했습니다. 세상에서 가장 좋은 옷이 입은 사람을 기쁘게 해주는 옷이라면 엄마가 입었을 때 가장 기뻐할 옷은 자식의 마음이 담긴 사랑의 옷이 아닐까 하고요.

철없는 딸의 고백

"계속 이렇게 무리하면 허리를 못 쓰게 되실 수도 있습니다."

그 흔한 운전면허도 없이 믿을 거라고는 몸 하나뿐인 아버지에게 의사의 말은 사형선고와 같았습니다. 환갑의 연세에도 건설현

장에서 일을 하시거든요. 그런데도 아버지는 다시 공사장에 나가셨습니다. 가난한 형편에 누워 있을 수만은 없다고 생각하셨는지 식구들의 만류도 소용없었습니다.

"연세가 너무 많으셔서 곤란한데……. 그래도 그동안의 정이 있으니 특별히 허락해 드리죠."

어렵게 구한 일자리를 놓치고 싶지 않으셨던 아버지는 허리가 결리고 온몸이 쑤셔도 쉬지 않고 일하셨습니다.

그러던 어느 날, 아버지는 안전장치도 없이 철근을 나르다가 자재 운반 기계에 떠밀려 3층에서 떨어지셨습니다.

"에휴…… 병원비며 생활비를 어쩐다……?"

"그러게 누가 일 나가시라고 그랬어요!"

가뜩이나 허리도 편치 않으신데 깁스까지 하고 병원에 누워계신 아

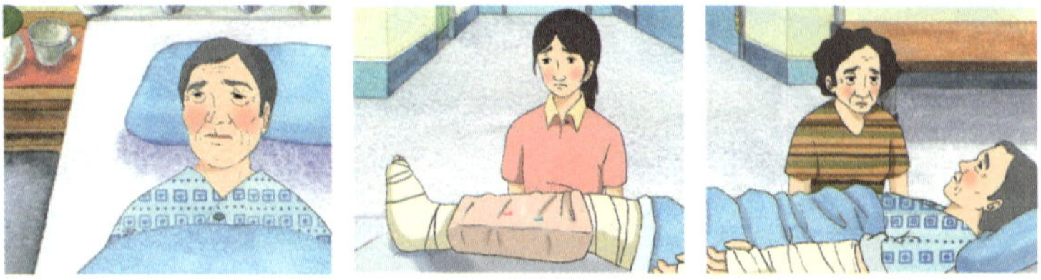

버지를 보니 가슴이 너무 아팠습니다. 속상한 마음에 저는 그만 화를 내고 말았지요. 아버지는 몸이 아픈 것보다 앞으로 살아갈 일이 더 걱정이셨을 텐데 말입니다.

다행히 병원비는 산재보상금으로 해결되었고 아버지는 퇴원하셨습니다. 막 병실을 나서려는데 건설현장 소장이 찾아왔습니다.

"몸은 어떠세요?"

"많이 좋아졌습니다. 저 때문에 난처하셨죠?"

"그래서 나이 든 사람은 안 쓴다고 했잖아요. 이게 뭡니까? 앞으로는 만날 일 없으면 좋겠네요."

걱정이나 위로는커녕 오히려 큰소리를 치는 소장에게 아버지는

그저 미안하다고만 하셨습니다. 고개를 푹 숙인 그 모습이 얼마나 초라해 보이던지 속이 상해 견딜 수가 없었습니다.

소장이 돌아간 후, 아버지는 제 눈치를 살피며 조심스레 말씀하셨습니다.

"원래 좋은 사람인데…… 이번 일로 많이 혼났다고 하더라."

그런 상황에서도 아버지는 오히려 제가 속상해하고 실망할까 봐 걱정하셨습니다. 저를 이해시키려 소장을 두둔하셨지요. 갑자기 죄송한 마음이 들었습니다. 따뜻한 말 한마디 하지 않고 짜증만 부린 저도 소장과 다를 바가 없었으니까요. 그리고 잠시나마 아버지를 부끄럽게 생각했으니까요. 아버지의 처진 어깨에 힘을 실어 드리고 싶었습니다.

"아빠, 사랑해요. 힘내셔야 해요. 네?"

그동안 아버지께 한 번도 해본 적 없는 말이었습니다. 철없는 딸의 고백에 아버지는 눈시울을 붉히셨습니다.

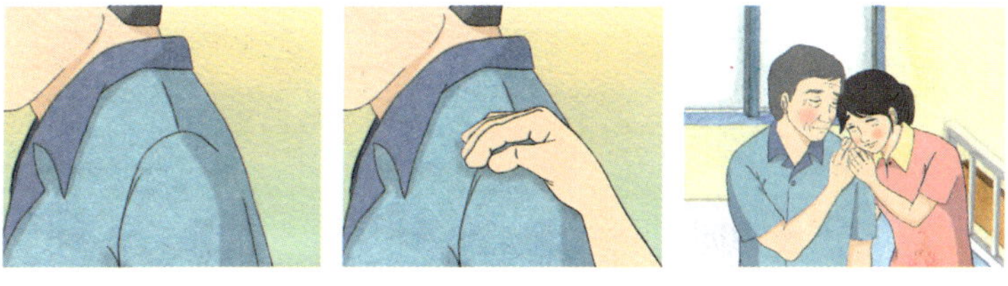

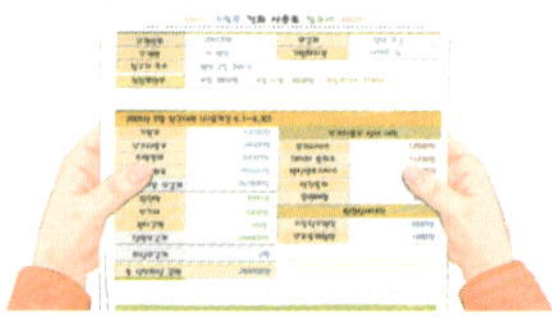

값비싼 청구서의 비밀

남편의 씀씀이가 한 달 사이 몇 배는 커졌습니다. 지난달보다 두 배나 많이 나온 휴대전화 요금과 엄청난 액수의 카드 청구서를 보니, 손이 다 떨렸습니다.

"여자랑 통화하고 선물도 사주면 이 정도 나온다던데……."

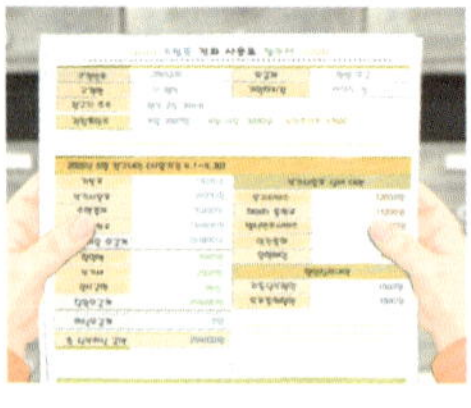

'뭐? 여자?!'

이웃 아줌마가 지나가다 무심히 던진 한 마디에 정신이 번쩍 들었습니다. 고액 청구서의 비밀이 여자 때문일지도 모른다고 생각하니 분하고 억울해 견딜 수가 없었습니다. 마음 같아서는 당장이라도 따지고 싶었지만 가정의 평화를 위해 일단 참았습니다. 그리고 그날 저녁, 남편과 식탁에 마주앉았습니다.

'이럴 때일수록 침착해야 해. 침착하자. 그래도 확인은 해야 되는데…… 뭐부터 물어보지?'

저는 간신히 마음을 가다듬고 남편을 살짝 떠보기로 했습니다.

"당신 용돈 좀 더 줄까?"

"괜찮아. 내가 돈 쓸 데가 어디 있다고."

태연하게 밥을 먹으면서 시치미 뚝 떼는 모습을 보니 기가 찼습니다.

'어머머…… 어쩜 이렇게 뻔뻔할 수가!'

먼저 말해주길 바랐는데, 그러면

다 용서해주려고 했는데, 전혀 그럴 기미가 보이지 않았습니다.

그러다 하루는 남편을 붙잡고 다짜고짜 따져 물었습니다.

"자기 나랑 얘기 좀 해. 솔직히 말해봐. 혹시 애인 생겼어?"

그런데 당황하기는커녕 남편은 오히려 화를 내더군요.

"아니 당신, 그렇게 할 일이 없어? 어떻게 그런 상상을 하냐?"

차라리 변명을 했다면 그렇게까지 밉지는 않았을 텐데 도리어 화를 내는 남편이 야속하기만 했습니다.

"그럼 그 많은 휴대전화 요금이랑 카드 값은 다 뭐야? 뭐냐고!"

막 눈물이 쏟아지려고 하는데 전화벨이 울렸습니다. 시골에 계신 친정엄마였습니다.

"지난달에 관절수술하고 내가 요즘 호강을 한다, 호강을. 하루에 한 번씩 꼬박꼬박 안부전화도 하고, 관절에 좋다는 건 죄다 사서 보내더라. 김서방 말이다. 그러

니까 김서방한테 잘해줘."

친정엄마의 전화로 오해는 깨끗이 풀렸지만, 잠시나마 의심했던 게 미안해서 차마 남편의 얼굴을 볼 수 없었습니다. 하마터면 남편의 속 깊은 사랑을 영영 몰라주는 못난 아내가 될 뻔했지 뭡니까. 용기를 내서 남편에게 말했습니다.

"저기…… 여보…… 미안해……."

의심은 의심을 낳고, 서로에 대한 신뢰가 무너지면 가정의 평화를 지킬 수 없음을 값비싼 요금을 치르면서 새삼 깨달았습니다.

모시조개와 미역국

"결혼하고 처음 맞는 당신 생일에 우리 꼭 여행 가자."

결혼 전, 남편이 제게 했던 약속입니다. 그날을 위해 저희 부부는 토요일 아침에 떠나 일요일 저녁에 돌아오는 기차여행을 계획했습니다.

드디어 떠나는 날 아침이 되었습니다. 그런데 집을 나서자마자 남편의 휴대전화 벨이 울렸습니다.

"네, 부장님. 아…… 그러면 제가 지금 가겠습니다."

부탁을 쉽게 거절하지 못하는 남편의 성격상 존경하는 부장님의 청을 거절할 리 없었습니다. 휴일에 불러내는 상사보다 남편이 더 얄미웠습니다. 평소에도 남에게 질질 끌려 다니는 남편의 태도가 못마땅했던 저는 이때다 싶어 남편을 구석으로 몰아붙였습니다.

"회사 일도 아니라며. 그냥 못 간다고 해."

하지만 끝내 남편의 결심을 돌리지는 못했습니다.

뒤돌아 집으로 향하는데 미안함과 후회가 밀려왔습니다. 휴일에 쉬지도 못하고 상사에게 불려나간 남편에게 너무 심하게 군 것 같았습니다. 저녁밥이라도 맛있게 차려줘야겠다 마음먹고, 집으로 가는 길에 시장에 들러 이것저것 장을 보았지요.

비가 쏟아지기 시작한 건 늦은 오후 무

렵이었습니다. 우산도 없이 비를 쫄딱 맞고 다닐 남편을 생각하니 걱정이 됐습니다. 우산을 가져다주고 싶어도 남편의 휴대전화는 불통이었고, 언제 온다는 연락도 없었습니다. 점점 초조해졌습니다. 몇 번이고 집 안팎을 들락날락하면서 애간장만 태웠습니다.

몇 시간이나 지났을까. 철거덕 하고 현관문이 열렸습니다. 남편이 물에 빠진 생쥐 꼴로 들어왔습니다.

"여보, 아깐 미안했어. 그런데 너무 급하다고 하셔서……."

"몰라! 전화는 왜 안 받은 거야?"

남편이 까만 봉지를 들어 보이며 대답했습니다.

"실은…… 미역국 끓이려고 당신 좋아하는 모시조개 사러 시

장에 갔었거든. 그런데 싱싱한 게 없어서 한참을 헤맸지 뭐야. 갑자기 비까지 오고. 그래서 가방에 넣어둔 전화기를 꺼낼 수가 없었어."

저를 위해 고생한 남편을 생각하니 미안하고 고마운 마음에 아무 말도 할 수가 없었습니다.

다음 날 아침, 저는 생애 가장 풍성하고 따뜻한 생일상을 받았습니다. 그리고 남편이 차려준 하얀 쌀밥과 고소한 미역국을 먹으면서 다짐했습니다. 음식의 간을 맞추듯 조금씩 양보하고 이해하는 균형감각을 가져야겠다고 말입니다.

한지붕 한가족

"물 좀 아껴 써요, 물 좀! 요즘 젊은 사람들은 아낄 줄을 모른다니까!"

남편의 사업 실패로 허름한 집에서 셋방살이를 한 적이 있었습니다. 슬레이트를 이어 붙인 한지붕 아래 무려 아홉 식구가 모여

살다 보니 사사건건 부딪치기 일쑤였습니다. 사람은 많은데 화장실이 하나뿐이라 아침마다 전쟁 아닌 전쟁을 치러야 했고, 꼬장꼬장한 옆방 할머니의 잔소리를 들으며 하루를 시작해야 했습니다. 사모님 소리까지 들으며 떵떵거리고 살다가 하루아침에 초라한 집에서 살려니 제 신세가 어찌나 처량하게 느껴지던지요. 그 누더기 같은 집에서 얼른 벗어나고 싶은 욕심에 저는 어린 아들을 집에 혼자 두고 식당 일을 시작했습니다.

하지만 아들 걱정에 일이 손에 잡히질 않았습니다. 밥은 먹었는지, 놀다가 다치지는 않았는지, 머릿속에는 온통 아들 생각뿐이었습니다. 그러다 결국 우려하던 일이 일어나고 말았습니다.

그날따라 평소보다 조금 늦게 일을 끝내고 집에 돌아왔는데 방

에 있어야 할 아들이 보이지 않았습니다. 때마침 퇴근한 남편과 함께 아들을 찾아다녔습니다. 하지만 아이는 어디에도 없었습니다.

집에 와 서럽게 울고 있는데 밖에서 옆방 할머니의 목소리가 들렸습니다.

"애기엄마! 그 집 아들 우리 방에서 자고 있어. 오면 말해준다는 게 아휴, 내가 그만 깜박 잠이 들었지 뭐야……."

"할머니! 왜 그렇게 만날 남의 집 일에 참견이세요? 누가 할머니한테 우리 애 봐달라고 했어요? 정말 왜 그러세요!"

아이를 찾았다는 안도감보다 말도 없이 아이를 데려간 할머니 때문에 화가 치밀어 버럭 소리를 질렀습니다. 당황한 얼굴로 아무

말 못하시는 할머니 뒤에서 아들이 뛰어나와 울먹였습니다.

"엄마…… 할머니한테 화내지 마세요. 엄마 없는 동안 할머니가 밥도 챙겨주고 놀아주셨단 말이에요."

그제야 아차 싶었습니다.

다음 날 아침, 저는 할머니를 찾아갔습니다.

"어제는 죄송했어요, 할머니……."

"에구, 아니야, 아니야. 괜찮아. 모르고 그런 건데 뭘……. 나는 이 집 식구들을 다 가족이라고 생각한다오."

그러면서 할머니는 제 손을 꼭 잡아주셨습니다. 할머니의 그 한 마디는 가난한 이웃을 멀리하려고 했던 저의 못된 마음을 바로잡아주었습니다. 또 할머니의 따뜻한 손은 넉넉한 마음이 곧 행복이라는 것을 저에게 가르쳐주었습니다.

당신이 내 곁에 있어 얼마나 다행인지,
당신을 떠올리는 것만으로도 얼마나 행복한지,
당신의 사랑을 느낄 때마다 얼마나 가슴 벅찬지,
당신은 아시나요.

2

사랑해요

“당신의 사랑이
나를 살게 합니다”

크리스마스 프러포즈

저에게는 크리스마스와 관련된 잊지 못할 추억들이 있습니다. 특히 어린 시절의 슬프고 우울한 기억이 많은데, 집안 형편이 넉넉하지 못했던 터라 한번은 구멍 난 양말을 빨랫줄에 걸어놓고 산타할아버지의 선물을 기다린 적이 있습니다.

그리고 크리스마스 날 아침, 아무것도 들어 있지 않은 양말을 보며 울음을 터트렸지요.

"양말에 구멍이 나서 선물이 빠졌나 보다."

아무렇지 않은 척 말씀하시는 아버지의 목소리에는 어린 제가 느끼기에도 미안함이 가득 묻어 있었습니다.

초등학교 4학년 크리스마스에는 친구들과 눈밭에서 놀다가 눈 더미에 파묻히기도 했습니다. 아버지가 급히 달려오시지 않았더라면 정말 큰일 날 뻔했습니다.

그런데 스무 살의 크리스마스는 달랐습니다. 이전까지의 속상함을 모두 보상하고도 남을 만큼 따뜻하고 감동적이었지요. 그때

저는 대학입시를 위해 혈혈단신으로 서울에 올라와 있었습니다. 학원비라도 보태려고 신문배달을 시작했지요. 일은 쉽지 않았습니다. 날마다 새벽에 일어나다 보니 항상 졸음에 시달렸고, 무거운 신문 뭉치를 끌고 다니다가 넘어지는 일도 많았습니다. 피붙이 하나 없는 타지생활도, 어두운 새벽 거리를 돌며 신문을 배달하는 일도, 저를 너무 외롭고 지치게 만들었습니다.

'보고 싶다……. 엄마…… 아빠…….'

함박눈이 펑펑 쏟아지던 크리스마스 새벽, 저는 여느 때처럼 신문배달을 위해 집을 나섰습니다. 평소보다 더 우울하고 쓸쓸한 기분에 발걸음이 무거웠습니다. 어둠이 짙게 깔린 새벽길을 터벅터벅 걷고 있는데 골목에 누군가가 서 있었습니다. 남자친구였습니다. 얼마나 그러고 서 있었던 건지 얼굴과 손이 벌겋게 얼어 있었습니다.

"어머, 이 새벽에 웬일이야! 무슨 일 있어?"

"그냥…… 보고 싶어서……. 오늘은 내가 도와줄게."

그렇게 해서 우리는 호흡을 척척 맞춰가며 동이 터오를 때까지 함께 신문을 배달했습니다.

"고마워. 덕분에 일찍 끝났어."

일을 마치고 따끈한 커피를 마시며 몸을 녹이고 있는데 그가 그러더군요.

"너랑 결혼하면 신문은 평생 공짜로 보겠지?"

"뭐라고? 지금 나보고 평생 신문 배달하란 얘기야?"

살짝 눈을 흘기며 투덜거리는 나를 남자친구가 와락 끌어안았습니다. 그리고 부드러운 목소리로 말했습니다.

"짜식, 눈치 없긴. 지금 프러포즈하는 거잖아."

그제야 새벽에 저를 찾아온 이유를 알았습니다. 제가 가장 힘들 때 손을 내밀어주고 가장 외로울 때 보듬어주고 싶었던 것입니다.

크리스마스의 프러포즈 덕분에 우리는 험한 세상을

함께 걷는 동반자가 되었습니다. 그리고 스무 살의 크리스마스는 제 생애 가장 특별한 추억으로 남았습니다.

세상에서 가장 소중한 사람

어느 날 아침, 출근길에 있었던 일입니다. 바쁘게 차를 몰고 회사로 가고 있는데 자가용 한 대가 옆으로 바짝 다가온다 싶더니 제 자동차 문짝을 찌익 긁고 말았습니다. 그 차의 운전자는 한쪽으로 차를 세우고 허둥지둥 내려 제가 있는 쪽으로 다가왔습니다. 젊은 부인이었습니다. 많이 놀랐는지 사색이 되었

더군요. 금방이라도 울음을 터트릴 것 같은 표정이었습니다.

"정말 죄송합니다. 제가 아직 운전이 서툴러서요."

그러고는 망가진 자신의 차를 보고 눈물을 흘리기 시작했습니다.

"아…… 어쩌지…… 남편이 큰맘 먹고 사준 건데…… 이틀밖에 안 됐는데…… 흑흑……."

출근시간은 다 되어가고, 부인은 울고, 여러 가지로 난처한 상황이었습니다. 그렇다고 마냥 지체할 수도 없었던 저는 우선 부인을 달랬습니다.

"부인, 그만 울고 일단 사고보고서부터 쓰시죠. 운전면허증과 보험서류 가지고 계신가요?"

부인은 조수석 앞 보관함에서 노란 봉투 하나를 꺼내 제게 건네며 말했습니다.

“이럴 경우를 대비해서 남편이 필요한 서류를 넣어뒀다고 했거든요. 여기…….”

초보운전인 데다 혹시라도 사고가 나서 당황할 여린 아내를 위한 남편의 속 깊은 배려가 느껴졌습니다. 저는 내심 감탄하면서 봉투에 든 서류를 꺼내보았습니다. 그리고 깜짝 놀랐지요. 서류 맨 앞장에 있는 짤막한 편지 때문이었습니다.

‘여보, 만약 당신이 사고를 냈을 경우 꼭 기억해요. 내가 가장 사랑하고 걱정하는 것은 자동차가 아니라 바로 당신이라는 사실을 말이오.’

잠시 울음을 멈추었던 부인이 다시 울기 시작했습니다. 망가진 차 때문에 흘린 속상함이나

미안함의 눈물이 아닌, 남편에 대한 고마움과 사랑의 눈물이었겠지요.

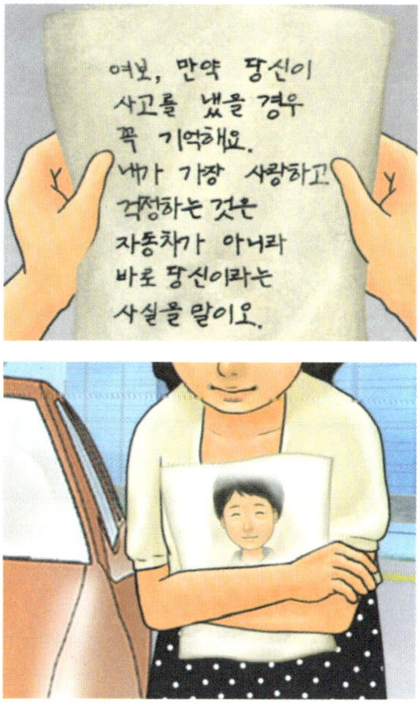

아빠의 마음

외국에서 대학에 다니던 딸이 겨울방학을 맞아 잠시 집에 왔습니다. 그리고 제 손으로 용돈을 벌겠다며 아르바이트를 시작했습니다. 유학 중 갈고 닦은 실력을 발판으로 학원에서 초등학생들에게 영어를 가르치는 일이었지요.

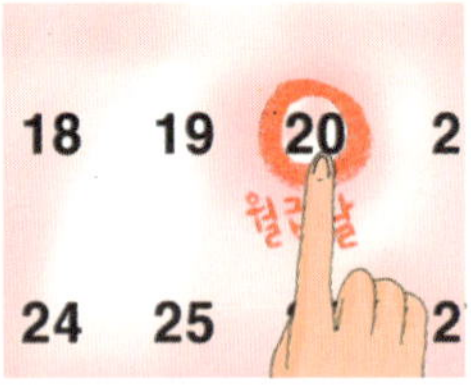

일을 시작한 지 한 달째 되던 날, 딸은 아침부터 콧노래를 불렀습니다. 월급날이라며 굉장히 들떠 있었지요. 그런데 저녁에는 잔뜩 구겨진 얼굴로 평소보다 늦게 집에 돌아왔습니다. 무슨 일이냐고 물어볼 새도 없이 제 방으로 쏙 들어가 버리더군요. 이불을 뒤집어쓰고 서럽게 우는 소리가 들리기에 무슨 속상한 일이 있었구나 싶었습니다. 저는 이불을 젖히면서 이유를 물었습니다.

"엄마…… 저 월급 못 받게 됐어요. 흑흑흑……."

무리하게 빚을 내서 학원을 운영한 원장이 지금은 이자 갚기도 빠듯하다고 월급을 미뤘다는 겁니다. 기약 없는 약속이었습니다.

"유학한다고 엄마 아빠한테 효도도 못해서 이번에는 크리스마

스 선물이라도 사드리려고 아르바이트 한 건데…… 이젠 다 틀렸어요…… 너무 속상해요, 엄마……."

딸이 얼마나 상심했을지 생각하니 저도 속이 상했습니다. 남편과 머리를 맞대면 무슨 뾰족한 수가 나올까 싶었지만, 남편도 우는 아이를 달래기만 할 뿐 별말이 없었습니다.

마침내 딸아이의 출국이 하루 앞으로 다가왔습니다. 그런데 가방을 싸고 있던 딸이 전화를 한 통 받더니 부리나케 밖으로 나갔습니다. 그리고 저녁시간이 다 되어 싱글벙글 웃으며 돌아왔습니다.

"이건 아빠 거, 이건 엄마 거, 이건 동생 거…… 메리 크리스마스! 저 오늘 월급 받았어요. 엄마 아빠!"

덕분에 온 가족이 행복한 시간을 보내고 다음 날 아침, 딸은 다시 학교로 돌아갔습니다. 제 힘으로 돈을 벌어 식구들에게 선물을

하겠다던 다짐을 지켜서 기뻤는지 비행기에 오르는 딸의 모습은 더없이 행복해 보였습니다.

그런데 딸을 배웅하고 집으로 가는 길, 선물 받은 장갑을 꼭 쥐고 있던 제게 남편이 고백을 하더군요.

"실은 그 월급 내가 준 거야."

딸이 다니던 학원 원장을 찾아가 돈을 건네면서 그 돈으로 딸에게 월급을 주라고 부탁했다는 겁니다.

"지선이 울던 모습이 생각나서 일이 손에 잡혀야 말이지……. 식구들 선물 산다고 방학에도 못 쉬고 일한 게 안쓰럽잖아. 당신하고 나만 아는 비밀이니까 절대 말하면 안 돼."

아빠의 이런 마음을 딸도 알까요? 다치지 않게 감싸주고 아프지 않게 보듬어주는 아빠의 마음, 강철처럼 단단하면서도 솜털처럼 포근한 아빠의 마음 덕분에 우리 아이들이 가족의 울타리 밖에서 당당하게 살아갈 수 있는 거겠지요.

엄마는 일등 운전사

"엄마! 엄마! 일어나세요, 제발…… 정신 좀 차리세요, 엄마…… 흑흑흑……."

제가 중학생이던 6년 전 일입니다. 집 근처 횡단보도를 건너고 있는데 트럭 한 대가 제 앞으로 돌진해왔습니다. 순간 이제 죽었

구나 생각하며 질끈 눈을 감았습니다.

시간이 얼마나 흘렀을까요. 정신을 차리고 눈을 떴을 때 심장이 멎는 줄 알았습니다. 달려오는 트럭에 부딪친 건 제가 아니라 엄마였습니다. 길 건너에서 급히 달려와 저를 구하고 대신 사고를 당하신 겁니다.

그 사고로 엄마는 한쪽 다리를 잃고 목발을 짚게 되셨습니다. 절름거리는 엄마를 볼 때마다 저는 죄책감에 가슴이 저려 남몰래 눈물 흘리곤 했습니다. 달리는 차만 봐도 무서워 벌벌 떠는 자동차 공포증에 시달리며 밤마다 악몽을 꿨지요. 저는 집 밖으로 나가는 것조차 두려워하는 겁 많은 아이가 되었습니다. 사람들과 어울리는 것도 꺼렸습니다.

"엄마…… 너무 무서워요……. 미안해요, 엄마…… 나 때문에……."

"예인아, 이제 그만 잊어. 엄마는 정말 아무렇지 않아."

"흑흑흑…… 그래도…… 엄마……."

엄마는 당신 몸에 남은 상처보다 제 마음에 새겨진 상처를 더 아파하셨습니다.

그렇게 시간이 흘러 어느덧 저는 대학에 합격했습니다. 엄마는 저의 합격 소식을 듣자마자 운전학원부터 등록하셨습니다.

"엄마도 같이 할 거니까 아무 소리 않고 하는 거다. 알았지?"

저는 여전히 자동차라는 말만 들어도 두려웠습니다. 하지만 제가 사고의 충격에서 벗어나길 바라며 불편한 다리로도 함께 운전을 배우시겠다는 엄마 앞에서 차마 못하겠다고 할 수는 없었습니다.

"좋아요, 엄마. 우리 한번 멋지게 해봐요!"

엄마의 노력은 눈물겨웠습니다. 필기시험을 앞두고는 밤샘 공부도 마다하지 않으셨고, 하루도 긴장을 놓치면 안 된다며 매일 운전 연습을 하셨습니다. 그 모습을 보면서 저도 최선을 다해야겠다는 생각이 들었습니다. 제게 용기를 심어주려고 애쓰시는 엄마의 품에 꼭 면허증을 안겨 드리겠다고 다짐했습니다.

마침내 한 달 후, 저희 모녀는 한날한시에 운전면허증을 취득했습니다.

"엄마는 우리 딸이 정말 자랑스럽다!"

"저는 세상에서 엄마가 제일 존경스러운걸요."

비록 다리가 불편하지만 하루하루 열심히 살며 모범을 보여주신 엄마. 제가 죄책감과 두려움에서 벗어나길 바라셨던 엄마. 제 몸뿐 아니라 마음까지 지켜주셨던 엄마. 누가 뭐래도 엄마는 저를 세상 속으로 안전하게 인도해준 제 인생의 일등 운전사이십니다.

통장으로 쓴 편지

"얘, 이걸 어떡하면 좋니? 두 달 전부터 통장에 이상한 글자가 찍혀서 돈이 들어오는구나……."

친정엄마가 요즘 걱정거리가 생겼다며 전화를 하셨습니다. 통장에 송금자 이름은 없고 알쏭달쏭한 말만 찍혀 있다면서 엄마는 입금 내역을 하나하나 읽어주셨습니다.

"꽃보다 5만 원, 더 아름다운

3만 원, 당신께 2만 원, 전해 드립니다 5만 원. 3월에는 이렇게 네 번 입금됐더구나."

글자들만 따로 떼어 조합해보니 '꽃보다 더 아름다운 당신께 전해 드립니다'라는 문장이 만들어졌습니다. 4월에도 방식은 같았습니다. '바다처럼 깊고 하늘처럼 높은 우리 어머니, 사랑합니다'.

'어머니'라고 한 걸로 봐서 자식들 중 한 명이 분명한데, 아무리 생각해도 누가 보냈는지 감을 잡을 수가 없었습니다.

"이거 경찰에 신고해야 하는 거 아니냐?"

"몇 달 동안 아무 일 없었다면서요. 괜찮을 거예요."

일단 엄마를 안심시켜 드리고 며칠이 지났는데, 오랜만에 확인한 남편의 통장에서 놀라운 사실을 발견했습니다. 엄마에게 돈을 보낸 이름 모를 사람은 바로 남편이었던 겁니다. 그리고 친정엄마

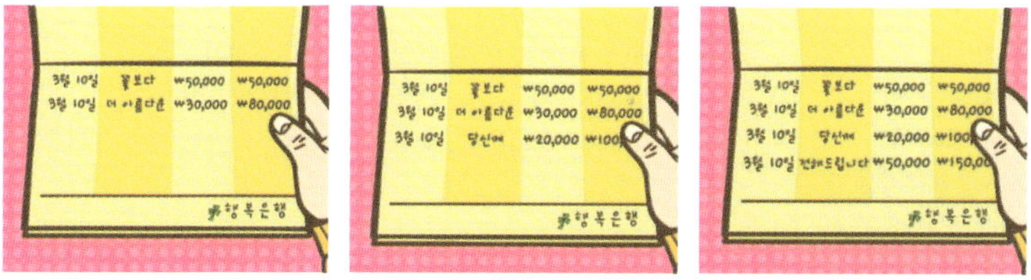

와의 통화 이후, 최근에 보낸 남편의 통장 편지는 눈물이 날 만큼 아름다웠습니다.

'일찍 제 곁을 떠나신 어머니의 빈자리를 항상 따스한 손길로 어루만져주시는 어머니의 사랑, 잊지 않겠습니다'.

남편은 얼마 안 되는 용돈을 쪼개 엄마에게 보내고 있었습니다. 매달 드리는 생활비와는 별도로 사위가 아닌 아들의 마음으로 엄마를 챙겨왔던 겁니다.

그날 저는 저녁식탁을 푸짐하게 한 상 차려놓고 남편을 맞았습니다.

"여보, 고마워. 엄마에게 보여준 당신 마음, 정말 감동적이더라."

"아들이 어머니께 용돈 드린 게 뭐 그렇게 대단한 일이라고. 요즘 어머니 몸이 안 좋으신 것 같더라. 한약이라도 한 첩 지어드셔야 할 텐데……."

어릴 때 부모님을 잃은 남편을 자식처럼 챙겨주고 계신 엄마와 그런 엄마를 지극한 효성으로 모시고 있는 남편. 우리 가족의 마음 통장에는 사랑과 행복이 차곡차곡 쌓여가고 있습니다.

태담의 기적

아내가 아기를 가졌습니다. 첫아이라 아내도 저도 무척 떨렸습니다. 아내는 태교를 위해 아름다운 음악만 골라 듣고 예쁜 과일만 골라 먹었습니다. 그중에서도 가장 신경을 쓴 건 태담이었습니다.

"당신도 승현이한테 얘기 좀 해봐요, 네?"

"배 속에 있는 아기한테 무슨 얘기를 하라고 그래. 어차피 알아듣지도 못할 텐데……."

배 속 아이와 대화를 하라니, 황당하기도 하고 귀찮기도 했지만

아내의 부탁을 거절할 수가 없었습니다.

"승현아, 아빠야, 아빠. 아빠는 승현이를 많이 사랑한단다."

가끔 발로 아내의 배를 툭툭 차는 반응을 보일 때면 마치 아이와 진짜 대화를 하는 듯한 기분이 들기도 했습니다.

드디어 아이가 세상을 향해 첫 울음을 터뜨리던 날, 첫 만남에 대한 설렘과 아빠가 됐다는 기쁨으로 가슴이 벅차올랐습니다. 조그맣고 포동포동한 손에, 초롱초롱한 눈망울. 세상에 이보다 예쁜 아기는 없을 것 같았습니다. 아이와 함께 있으면 밥을 먹지 않아도 배가 불렀고 출근하는 것도 아쉬울 정도였습니다.

그러던 어느 날, 아이가 장에 탈이 나 병원에 데려왔다는 아내의

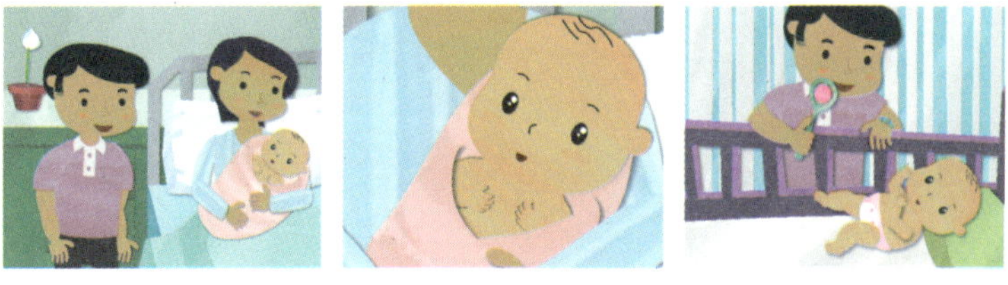

연락을 받았습니다. 정신없이 달려 병실에 도착하니, 태어난 지 12일밖에 안 된 아기가 자지러지게 울고 있었습니다. 그 모습을 보자 가슴이 울컥했습니다. 너무 울어 얼굴이 빨갛게 달아오른 아이를 아내와 처제가 안고 달래봤지만 소용없었습니다.

"어떡해요, 형부…… 이렇게 계속 울면 열도 계속 오를 텐데……."

"그래요, 여보. 당신이 한번 달래봐요."

저는 조심스레 아이를 안고 달래기 시작했습니다.

"승현아…… 아빠야. 많이 아프지? 걱정 마. 아빠가 우리 승현이 꼭 지켜줄게."

그런데 놀라운 일이 일어났습니다. 도무지 멈출 것 같지 않던 아

이가 울음을 뚝 그친 것이었습니다.

"어머, 언니…… 승현이가 울음을 그쳤어!"

"그래, 그래. 배 속에서 듣던 당신 목소리를 알아들었나 봐요!"

아내의 말대로 아이가 정말 제 목소리를 기억하는 걸까요? 짜릿한 전율이 온몸으로 전해지는 감동적인 순간이었습니다. 가슴 저 밑에서 뜨거운 기운이 올라오며 부모의 마음이 이런 거구나 하는 생각이 들었습니다. 이 모든 것이 승현이를 키우면서 얻은 소중한 행복입니다.

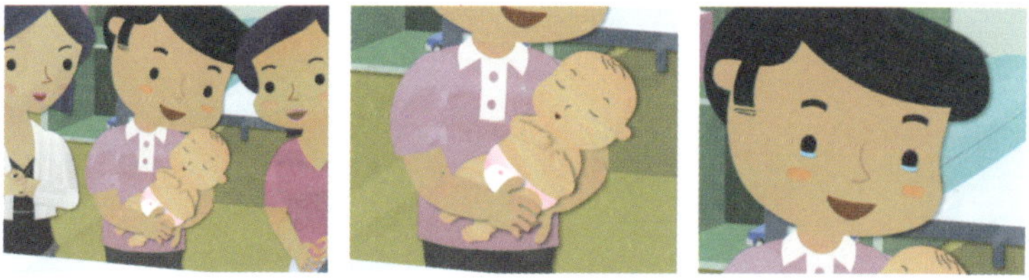

사랑의 손맛

"설거지도 한번 못 해줘?"

"집안일이 뭐 그렇게 힘들다고 만날 짜증이야!"

"뭐라고? 당신 정말!"

결혼 1년 만에 부부싸움을 했습니다. 맞벌이를 하면서도 좀처럼

집안일을 돕지 않는 제 무심함이 화근이었습니다. 아내는 속이 많이 상했는지 엉엉 울다가 저녁도 거른 채 잠이 들었습니다. 잠든 아내의 얼굴이 까칠했습니다. 그제야 미안한 마음이 들었습니다. 어떻게 화해를 청할까 생각하다가 저녁을 준비하기로 했습니다.

우선 아내가 제일 좋아하는 해물파전을 만들었습니다. 어깨 너머로 본 조리법을 떠올리며 정성스럽게 만든다고 만들었는데, 모양으로 보나 맛으로 보나 아내가 해준 것과는 영 딴판이었습니다.

"아휴, 보기보다 쉽지 않네."

사과주스를 만드는 일도 만만치 않았습니다. 간단한 음식 하나 만드는 일도 이렇게 어려운데 직장 다니랴, 집안일 하랴, 아내가 얼마나 힘들었을까 생각하니 마음이 아팠습니다. 그동안 제게 얼

마나 섭섭했을까요.

나름대로 저녁 준비를 끝내자 졸음이 쏟아졌습니다. 소파에 앉아 잠시 눈을 붙였지요. 그러다가 달그락거리는 소리에 눈을 떴습니다. 제가 어질러놓은 주방을 아내가 정리하고 있었습니다. 쭈뼛거리며 다가가 상황을 설명하려고 하는데 아내가 파전 한 조각을 제 입에 쏙 넣어주었습니다.

"처음 한 거 치고는 제법인데? 못생겨도 맛은 좋아!"

저에 대한 미운 마음, 화나는 마음, 서운한 마음에 대해서는 더 이상 이야기하지 않고 오히려 칭찬해주는 아내가 어찌나 고맙고 예쁘던지요. 그 바람에 저도 모르게 폭탄선언을 해버렸습니다.

"그래? 좋아! 앞으로는 집안일 내가 다 해준다!"

"여보……!"

감격한 목소리로 말을 잇지 못하는 아내를 보는 순간 앞으로 해야 할 집안일이 떠올라 눈앞이 캄캄했지만, 괜찮습니다. 저의 작은 손길 하나, 도움 한 번에도 아내가 이토록 행복해한다는 것을 알았으니까요.

40년 단골손님

"부장님, 잘하는 미용실 좀 소개해 드릴까요?"

"괜찮아. 40년 단골집이 있거든."

부장님의 헤어스타일은 독특하다 못해 특이합니다. 삐뚤빼뚤한 앞머리와 좌우 길이가 짝짝이인 옆머리. 1년 365일 변함없이 어설픈 머리 모양으로 직원들에게 웃음을 주고 계시지요. 안타까운 마음에 유명 미용실을 추천해 드려도 부장님은 영 관심이 없으십니다.

그러던 어느 날이었습니다.

"부장님 아들 사진 봤니?"

"봤지. 헤어스타일이 부장님하고 똑같던데."

"아들까지 데리고 다니시는 걸 보면 정말 단골은 단골인가 봐."

"그러게."

그때 과장님이 저희 쪽으로 오며 말씀하셨습니다.

"나도 얼마 전에 들은 얘긴데, 옛날에 부장님 아버지가 유명한 이발사셨대."

20년 전, 부장님의 아버지는 동네에서 이발 솜씨가 좋기로 유명하셨답니다. 자연히 이발소는 항상 사람들로 북적였고, 종일 숨 돌릴 겨를도 없이 손님들 머리를 깎고, 자르고, 다듬으면서도 부장님의 아버지는 힘든 내색 한번 하지 않으셨다고 합니다. 오히려 죽는 순간까지 가위를 놓지 않겠다고 하셨지요. 그런데 뜻밖의

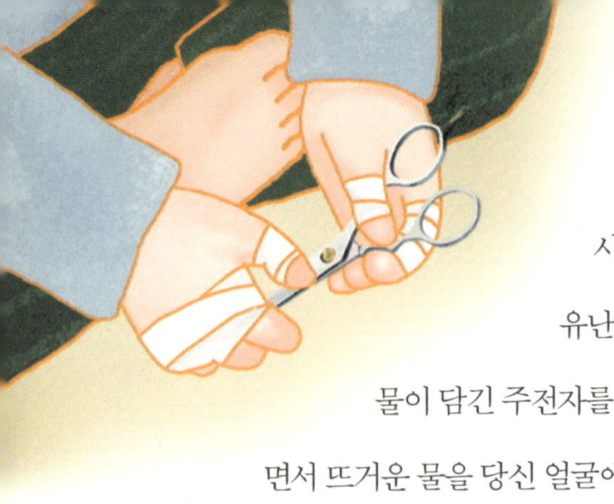

사고로 그 결심이 무너졌습니다.

유난히 쌀쌀했던 겨울밤, 펄펄 끓는 물이 담긴 주전자를 들고 화장실로 가시다 미끄러지면서 뜨거운 물을 당신 얼굴에 쏟으셨고, 화상으로 두 눈 모두 실명하셨던 겁니다. 더 이상 가위를 잡을 수 없게 된 부장님의 아버지는 하루하루 몰라보게 시들어가셨지요. 그런 아버지의 모습은 부장님의 가슴을 아프게 울렸답니다. 아버지 손에 다시 가위를 쥐어 드리고 싶었던 부장님은 아버지를 졸라 이발을 부탁했습니다.

"눈도 안 보이는 내가 어떻게 가위질을 하겠니."

"할 수 있어요, 아버지. 아버지는 훌륭한 이발사시잖아요."

하지만 아버지께 머리 손질을 받고 나면 곧장 다른 미용실로 달려가 다시 다듬어야 했습니다. 그러다 부장님은 문득 아버지께 죄송한 생각이 들었다고 합니다.

'그래, 아버지가 해주신 머린데 조금 이상하면 어때.'

그렇게 더 이상 아버지를 속이는 불효를 하지 않겠다고 결심하면서부터 부장님의 머리 모양이 우스꽝스럽게 변한 것이었습니다.

기력 잃은 아버지께 희망을 선물하는 영원한 단골손님 부장님. 그러니까 부장님의 머리 모양은 아버지를 사랑하는 마음, 효심 그 자체인 셈입니다.

돌고 돈 보약

"어머, 가물치네! 이건 왜 사왔어요?"

"응, 그거? 여자들한테 좋다고 해서 샀지. 당신 먹으라고."

어느 날 퇴근해서 돌아온 남편이 웬 통을 하나 제 앞에 내려놓으며 말했습니다. 길쭉한 몸체에 얼룩덜룩한 무늬. 얼핏 보면 뱀과 비슷한 생김새가 징그럽기 짝이 없었습니다. 그런데 그걸 먹으라 하니 생각만 해도 소름끼치더군요.

"마음은 고맙지만 이렇게 징그러운 걸 어떻게 먹어요?"

그때부터 저희 부부의 줄다리기가 시작됐습니다. 남편은 어떻게든 제게 가물치를 먹이려고 생전 하지 않던 설거지도 해주고 토닥토닥 안마도 해주었습니다. 노력이 가상했지만 저는 눈 하나 깜빡하지 않았죠. 그러다가 한순간 무너지고 말았습니다.

"그래 좋다! 이거 먹으면 당신 용돈으로 10만 원 줄게. 어때?"

살림하는 주부에게 10만 원이면 큰돈이라, 저는 못 이기는 척 남편의 제안을 받아들였습니다.

"꼭 줘야 해요."

"당연하지!"

다음 날, 저는 가물치를 들고 한약방에 갔습니다. 각종 한약재를 넣고 푹 고은 가물치 보약은 진공 팩에 담겨 다시 제 손에 들어왔습니다. 그런데 막상 먹을 생각을 하니 엄두가 나질 않았습니다. 가물치의 징그러운 생김새가 눈앞에서 자꾸 아른거렸기 때문입니다. 그렇다고 귀한 보약을 버릴 수도 없고……. 고민 끝에 저는 그것을 시어머니께 드리기로 했습니다.

"어머니, 가물치로 만든 보약이에요."

그런데 시어머니는 친정엄마 이야기를 꺼내셨습니다.

"친정어머니께 드리지. 요즘 몸도 안 좋으시다면서……."

딸인 저도 신경 쓰지 못한 친정엄마의 건강을 시어머니께서 먼저 살피고 챙겨주시다니, 그 배려와 아량에 콧날이 시큰해졌습니다.

그날 저녁, 저는 친정엄마의 전화를 받았습니다.

"글쎄, 너희 시어머니가 가물치 보약을 해오셨지 뭐냐. 그런데

인사할 겨를도 없이 가버리셨어."

아무래도 인사받기가 쑥스러워 황급히 자리를 뜨신 것 같으니, 감사히 잘 먹겠다는 인사를 대신 꼭 전하라 하셨습니다. 시어머니에 대한 감사의 마음과 두 어머니에 대한 죄송한 마음이 동시에 일었습니다. 지금까지 두 어머니께 보약 한 첩 해드린 적이 없다는 것을 깨달았거든요.

어쨌든 돌고 돌아 친정엄마 품에 안긴 가물치 보약. 덕분에 제 마음이 행복해진 걸 보면 그건 단순한 보약이 아닌 사랑의 보약인가 봅니다.

시어머니의 속사랑

"나 이번에 미국지사로 발령 났어."

"나는 처가살이하는 처지잖니……."

"너희 형수가 곧 둘째를 낳을 거라서……."

결혼하자마자 시어머니가 중풍으로 쓰러지셨습니다. 시아버지

가 일찍 돌아가시는 바람에 혼자서 아들 넷을 키우며 대학공부까지 시키셨는데, 반신불수가 되면서 하루아침에 자식들에게 짐이 되셨지요. 시어머니를 두고 형들은 변명만 늘어놓았습니다. 결국 막내인 남편이 저희 신혼집으로 시어머니를 모셔왔습니다. 신혼의 단꿈을 포기하고 저는 종일 집에서 시어머니의 병수발을 들었습니다.

몸이 힘든 것은 둘째 치더라도, 병석에서 은근히 시집살이를 시키는 시어머니 때문에 마음이 점점 지쳐갔습니다.

"얘야, 수건은 꼭 삶아 써야 한다. 볕에 이불 말리는 것도 잊지 말고."

며느리의 서툰 살림 솜씨가 마음에 들지 않을 거라는 건 알지만 시시때때로 잔소리를 하시는 시어머니의 등쌀에 짜증은 늘어만 갔습니다. 시어머니도 시어머니지만 바쁘다는 핑계로 늦게 귀가

하는 남편도 미웠습니다. 불평이 늘고 불만이 쌓이면서 저는 점점 우울해졌습니다. 그리고 그 화를 모조리 시어머니에게 쏟아냈습니다.

"아휴, 어머니. 그러게 미리 말씀하시라고 했잖아요. 또 이불에 실례를 하시면 어떡해요!"

저는 날마다 목소리를 높이는 막된 며느리가 되어가고 있었습니다.

그러던 어느 날, 시어머니의 오랜 친구 분이 병문안을 오셨습니다. 저는 몸살을 핑계로 대접은커녕 인사조차 제대로 하지 않고 쌀쌀맞게 굴었습니다. 그런 제가 못마땅했던지 친구 분이 시어머니 앞에서 제 흉을 보셨습니다. 그 이야기를 우연히 듣고 말았지요.

"며느리가 구박 많이 하지? 하나를 보면 열을 안다고 했는데, 에휴…… 쯧쯧……."

끓어오르는 분을 간신히 삭이고 있는데 시어머니가 친구 분을 나무라는 소리가 들렸습니다.

"그런 소리 할 거면 앞으로 우리 집에 오지 마. 우리 며느리만큼만 하라고 해. 나 같이 까다로운 시어머니 병수발 드는 일이 어디 쉬운 줄 알아? 그런데도 인상 한번 찌푸린 적 없어. 효부 중에 효부라고!"

오랜 친구와 의절하시겠다고 할 정도로 저를 감싸주시는 시어머니의 넓은 마음에 그만 콧등이 시큰해졌습니다. 의무로만 모셨던 저와 달리 시어머니는 마음으로 저를 받아들이고 계셨던 겁니다.

죄송한 마음과 용서를 구하는 마음으로 다짐했습니다. 철없는 며느리의 못난 행동까지 보듬어주시는 시어머니의 깊고 따뜻한 마음을 닮겠다고, 속 깊은 시어머니를 친어머니처럼 모시겠다고 말입니다.

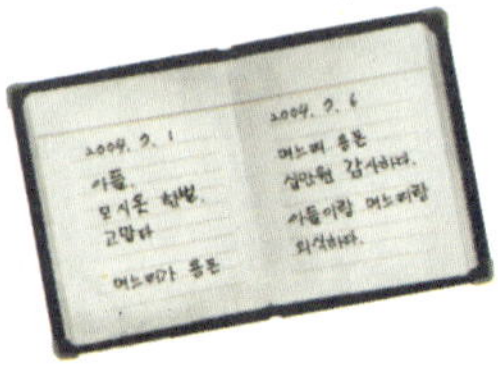

사랑을 적립하는 수첩

"그러니까…… 그게 언제였더라……?"

따사로운 햇살이 창틈으로 눈부시게 쏟아지는 어느 봄날, 방 안에 앉아 뭔가를 열심히 적고 계시는 시어머니의 모습을 봤습니다.

"어머니, 뭐 하세요?"

"어…… 엉?아무것도 아니다."

시어머니는 화들짝 놀라며 평소 애지중지하던 낡은 수첩을 얼른 서랍장에 넣으셨습니다.

며칠 후, 시어머니 방을 청소하러 갔다가 앉은뱅이책상 위에 놓인 그 수첩을 우연히 다시 보게 됐습니다. 순간 호기심이 발동했습니다. 너덜너덜하게 묵은 수첩이 행여나 떨어질까 조심조심 수첩을 펼쳐 보았습니다.

"어디 보자, 며느리 흉을 얼마나 쓰셨나……."

수첩을 펼치자 삐뚤빼뚤한 글자들이 빼곡하게 눈에 들어왔습니다.

"아들, 모시옷 한 벌, 고맙다. 며느리, 용돈 10만 원, 감사하다……?"

수첩에는 저희 부부가 드린 선물과 용돈에 대한 감사 인사들이 가득 적혀 있었습니다. 시어머니는 작은 선물 하나도 빼놓지 않으

셨습니다. 모두 고마워하며 자식들의 사랑을 수첩에 차곡차곡 적립하고 계셨습니다. 오래오래 기억하고 싶으셨나 봅니다. 힘없는 손으로 한 자 한 자 또박또박 글자를 쓰고, 침침한 눈으로 그 내용을 보고 또 보셨을 시어머니를 생각하니 가슴이 찌릿했습니다. 한편으로는 시어머니의 진한 사랑이 느껴져서 배가 부른 것처럼 마음이 불렀습니다.

손때 묻은 시어머니의 기록을 보면서 저 또한 시어머니의 사랑을 적어두기로 했습니다. 영원히 지워지지 않을 제 마음의 수첩에 '어머니 사랑해요.'라고 말입니다.

아줌마들의 가을여행

"남편 때문에 속상해 죽겠어. 만날 신문만 보고 나랑은 대화를 안 한다니까!"

"우리 애는 어떻고요. 이번에 수학을 또 40점 받아왔지 뭐예요."

"속상한데 우리, 하루 날 잡아서 여행이나 갈까요?"

"좋지, 좋아!"

"그래요, 가요, 가!"

이렇게 해서 같은 아파트에 사는 아줌마 셋과 함께 모처럼 여행을 떠났습니다. 집안일에 치이고 식구들한테 부대껴온 우리에게

는 여유와 휴가가 절실했습니다.

그렇게 만장일치로 떠나게 된 아줌마들의 가을여행. 단풍 물든 산에서 아름다운 추억도 만들고, 돈 생각 말고 맛있는 것도 실컷 먹고 오자며 미리부터 굳게 약속했습니다. 하지만 우리의 계획은 처음부터 꼬이기 시작했습니다.

"어머머, 무슨 비빔밥 한 그릇에 7천 원이나 하냐? 여기 너무 비싼 거 아니야?"

"그러게요. 그냥 집에서 도시락 싸올걸 그랬나 봐요."

7만 원도 아니고 7천 원짜리 밥 한 끼에 벌벌 떠는 것도 모자라, 우리는 음료수 값 500원도 아깝다며 약수로 마른 목을 축였습니다.

"역시 물이 최고라니까!"

"돈 아깝게 왜들 음료수를 사 먹고 그러는지 모르겠어요."

산에 오르기 전만 해도 단풍 구경 후에 근사한 카페에서 우아하게 차를 마시자고 입을 모았지만 막상 카페에 들어가서는 모두 이런저런 핑계를 대면서 꽁무니를 뺐습니다.

“무슨 커피 한 잔에 만 원씩이나 해? 그 돈이면 우리 식구들 자장면 한 그릇씩 배부르게 먹을 수 있는데.”

“어떻게 커피 한 잔 값이 우리 남편 이틀 용돈이랑 똑같냐? 너무하네!”

“진짜 비싸다! 커피 원가는 사실 얼마 안 할 거예요, 그렇죠?”

오늘 하루만큼은 가정의 울타리에서 벗어나 훨훨 나는 새처럼 자유를 만끽해보자고 했던 우리였습니다. 하지만 몸만 자유로웠지 마음은 아니었습니다. 머릿속이 온통 가족 생각뿐인 어쩔 수 없는 아줌마들이었던 겁니다.

결국 우리는 얼른 집에 가서 식구들 저녁을 준비하기로 했습니다. 왔다갔다 차비며 점심 값으로 3만 원씩 거둔 회비는 고작 만

원씩밖에 쓰지 않았습니다.

어렵게 얻은 하루 휴가는 반나절도 못 채우고 끝났지만 우리는 행복했습니다. 알록달록 예쁜 산, 맑고 상쾌한 공기가 답답한 마음을 달래주었고, 시원 달콤한 가을바람이 일상의 고단함을 씻어주었으니까요. 거기다 가족의 소중함까지 되새겼으니 아줌마들의 가을여행, 이보다 더 아름다울 수는 없겠지요!

그 자그마한 몸에
얼마나 큰 순수와 사랑을 담고 있는지.
아이야, 너에게서
행복을 만드는 지혜와 슬기를 배운단다.

3

행복해요

"아이야, 너는 감동이란다"

손녀에게 배운 사랑

"윤하야, 할아버지가 곰 인형 사왔다."

"우와! 고맙습니다. 우리 할아버지 최고!"

저에게는 귀여운 손녀딸이 하나 있습니다. 부부 교사인 아들 내외를 대신해 저희 부부가 손녀를 돌봤지요. 그러다 아들 내외가

서울에 있는 학교로 전근을 가게 됐습니다. 한창 엄마 품에서 어리광을 부릴 나이에 부모와 떨어져 지내는 어린것이 안쓰러웠던 아내와 저는 손녀를 더 애지중지했습니다.

그러다 손녀가 네 살이 되던 해, 아들 내외가 사는 서울 집으로 보냈지요.

"할아버지, 안녕히 계세요."

"그래, 그래. 엄마 아빠 말씀 잘 듣고 할아버지한테 전화 자주 해야 한다."

손녀와 작별인사를 나눌 때만 해도 그럭저럭 괜찮았습니다. 그런데 보내기가 무섭게 보고 싶어 견딜 수가 없었습니다. 그 허전

함을 달래기 위해 하루에도 몇 번씩 아들 집으로 전화를 걸었습니다.

"윤하 좀 바꿔줄래?"

"막 잠이 들어서……."

"그래?"

손녀의 목소리를 들으면 그나마 마음이 편안해지곤 했는데 언젠가부터 전화를 받지 않더군요. 일부러 피하는 것 같아 '내가 저를 어떻게 키웠는데……' 하는 서운함이 밀려왔습니다. 보다 못한 아들 내외가 내게 미안하기도 하고, 아이의 태도가 이상하기도 해서 물었답니다.

"윤하야, 왜 할아버지 전화 안 받아?"

좀처럼 말을 하지 않던 손녀가 어느 날 제 엄마에게 가까스로 속마음을 털어놓았다고 합니다.

"할아버지 목소리를 들으면 자꾸 눈물이 나요. 저도 할아버지가 많이 보고 싶지만 목소리만 들어도 눈물이 막 쏟아지잖아요. 그런데 제가 울면 할아버지가 얼마나

속상하시겠어요. 그래서 전화를 받을 수가 없어요. 대신 할아버지가 보고 싶을 때마다 전에 사주신 곰 인형 보고 많이 울어요."

생각지도 못한 손녀의 고백에 아들도 울고 며느리도 울고, 말할 것도 없이 저는 눈이 퉁퉁 붓도록 울었습니다.

어린 손녀에게 배운 진정한 배려. 제 감정보다 할아버지의 안타까운 심정을 먼저 헤아리고 걱정하는 우리 손녀. 정말 기특하고 예쁘지요? 코흘리개 어린애인 네 살배기 손녀에게서 저는 사랑하는 사람을 진심으로 위하는 법을 배웠습니다.

함께 그린 그림

"죄송합니다. 다른 어머니들이 별로 안 좋아하셔서요……."

아들아이는 선천성 뇌성마비입니다. 갓난아기 때는 살아주기만을 바랐고, 걸음마를 배우기 시작하면서는 보통 아이들처럼 걷고,

뛰고, 말할 수 있기만을 바랐습니다. 여섯 살쯤 되니 자립심을 키워주고 싶은 욕심이 생겼습니다. 그래서 유치원에 보내야겠다고 생각했는데, 쉽지 않았습니다. 대부분 몸이 불편한 아들을 꺼리는 눈치였습니다. 세 군데나 거절당하고 나서 간신히 이웃 동네 유치원에서 입학 허가를 받았습니다.

"잘 부탁드리겠습니다."

"네, 걱정하지 마세요, 어머니."

그런데 막상 유치원에 보내고 나니 새로운 걱정이 생겼습니다. 저의 욕심 때문에 여린 아들이 사람들 틈에서 상처를 입지는 않을까 불안했습니다.

"성운아, 유치원 다니는 거 좋아?"

"네! 좋아요! 친구들도

선생님도 다 좋아요!"

어눌한 말투로 신이 나서 말하는 아이를 보고서야 기우였다는 것을 알았습니다. 아들은 생각 외로 친구들과 잘 어울렸고 유치원 생활에도 잘 적응했습니다. 전보다 확실히 밝아져서 안심이었습니다.

그해 가을, 유치원에서 작품 전시회가 열렸습니다. 아들이 어떤 작품을 만들었을까 상상하는 것만으로도 세상을 다 얻은 듯 행복했습니다.

아들이 저를 이끈 곳은 칠판만 한 크기의 풍경화 앞이었습니다. 모든 원아들이 함께 그린 거라고 했습니다.

"이 그림에서 우리 아들은 뭘 그렸을까? 음…… 혹시 여기 이 초록 나무?"

"아니요."

"그럼…… 큰 산? 아님 예쁜 들꽃?"

아들은 절레절레 고개를 저으며 어떤 것도 그리지 않았다고 당당하게 말했습니다. 대신 자신은 다른 것을 했다고 했습니다.

"친구들이 그림을 그릴 수 있도록 물통에 물을 담아줬어요. 물감도 짜줬어요."

그러자 옆에 있던 아이가 거들었습니다.

"맞아요. 성운이가 도와줘서 그림 그릴 때 무지 편했어요. 성운이가 없었으면 이렇게 멋지게 못 그렸을 거예요."

물통에 물을 담아주고, 물감을 짜주고…… 하찮다고 여길 수 있

는 그 모든 일들을 아이들은 오히려 소중하고 가치 있게 생각하고 있었습니다. 중요한 역할을 해냈다는 생각으로 자신감에 찬 아들의 모습과 아이들의 순수한 마음이 눈부시게 아름다워 보였습니다. 장애가 있든 없든 모두 소중한 존재이고, 각자가 세상을 이끌어가는 주인공이라는 것을 아이들이 자연스럽게 깨달은 것 같아 뭉클했습니다.

아이들이 함께 그린 그림을 다시 보았습니다. 그 그림 속에는 화합과 조화의 세상이 담겨 있었습니다.

장학생이 될래요

"엄마, 엄마! 오늘 학교에서 달리기 1등 했어요. 잘했죠, 잘했죠?"

아들아이가 올해 초등학교에 입학했습니다. 학부모가 됐다는 설렘과 함께 즐거움이 하나 더 생겼지요. 집에 돌아오면 그날 학교에서 있었던 일들을 귀여운 종달새처럼 재잘재잘 신나게 쏟아내는 모습을 보는 것입니다.

"엄마, 맛있는 반찬 많이 싸주세요. 네? 헤헤헤."

학교 건물 보수 때문에 급식이 중단되어 일주일에 한 번씩 도시

락을 싸게 됐을 때도 아들은 무척 즐거워했습니다. 저는 할 일이 하나 더 늘었지만 아이가 친구들과 도시락 나눠 먹는 기쁨을 경험할 것을 생각하면 행복했습니다.

그런데 어느 날은 아들이 뜻밖의 말로 저를 당황하게 했습니다.

"엄마, 저도 이제 장학생이 될래요. 꼭 될 거예요. 헤헤헤."

"기특하다, 우리 아들! 그런데 장학생이 뭔지는 알고 있어?"

"그럼요! 장학생이 되면 학교에서 도시락이랑 우유를 주잖아요. 맞죠, 엄마? 히히히."

같은 반 친구 중에도 장학생이 있는데 공짜로 도시락과 우유를 받고 있다고 했습니다. 도대체 무슨 말인가 싶어 자세히 물었습니다.

알고 보니 그 아이는 장학생이 아니었습니다. 자원봉사자로부터 도시락과 우유를 지원받는 결손가정의 아이였습니다. 행여 아이가 상처를 받을까 봐 담임선생님이 그 아이를 장학생이라고 했던 거고요. 그것도 모르고 반 아이들은 부러운 마음에 서로 장학생이 되겠다며 열심히 공부하게 되었다고 하더군요. 선생님의 사려 깊은 말씀이 반 아이들 모두에게 꿈과 희망을 선물했던 것입니다.

설사 진실을 알게 되더라도 아들은 계속 행복할 겁니다. 그때쯤이면 선생님의 큰 사랑을 깨달을 테니 말입니다.

돕는 것이 행복한 아이

저는 미술학원에서 일곱 살 아이들을 가르치고 있습니다. 이름도 다르고 생김새도 다르지만 하얀 도화지처럼 순수한 마음만은 모든 아이들이 같지요. 그중에서도 현우는 조금 특별합니다. 살진 토끼 같은 몸 때문에 조금만 움직여도 숨을 헐

떡이는 모습도 귀엽고, 또랑또랑한 눈망울에 해맑은 미소도 예쁘지요. 무엇보다 현우는 선생님과 친구들 일을 앞장서서 돕는 멋진 사나이입니다.

그런데 하루는 현우가 평소와 달리 잔뜩 풀 죽은 얼굴을 하고 있었습니다. 말도 잘 안 하고 웃지도 않았지요. 깁스를 한 오른쪽 다리 때문이었습니다. 어떻게 된 일이냐고 물었더니 유치원에서 책상 다리에 발등을 찧어 뼈에 금이 갔다고 했습니다.

저는 수업시간에 아이들에게 당부했습니다.

"여러분, 현우가 발을 다쳤어요. 지금까지 현우가 친구들을 많이 도와줬으니까 앞으로 현우가 다 나을 때까지 우리가 도와주도록 해요. 다들 알았죠?"

아이들의 시원시원한 대답 소리를 들으면서 저는 마음을 놓았습니다. 아이들도 저도 현우가 어려움 없이 생활할 수 있도록 도왔지요. 그런데 정작 현우는 좋아하지 않는 눈치였습니다. 오히려

늘 하던 대로 부지런히 움직이면서 친구들과 저를 도우려고 애썼습니다.

"선생님은 괜찮으니까 현우는 편히 앉아 있으렴."

하지만 현우의 표정은 나아지지 않았습니다. 시무룩한 표정으로 앉아있는 현우에게 이유를 물었습니다. 현우는 훌쩍이며 말했습니다.

"선생님, 너무 속상해요. 다리가 아프니까 선생님과 친구들을 도울 수가 없잖아요. 이제 제 도움이 필요한 사람은 아무도 없어요."

현우에게 필요한 건 도움의 손길이 아니었던 겁니다. 자기가 잘하는 일로 친구들을 돕고 누군가에게 필요한 사람이 되는 것이었습니다. 현우는 다른 사람에게 도움을 주면서 보람을 느끼고 기쁨을 얻었던 겁니다.

마음이 예쁜 아이, 현우. 현우는 제게 받는 사랑보다 베푸는 사랑이 더 큰 행복이라는 것을 가르쳐주었습니다.

귀여운 영양제

"아빠, 이사가 뭐예요?"

이사를 앞두고 계신 부모님과 통화할 때 옆에서 듣고 있던 일곱 살 딸아이가 진지한 표정으로 물었습니다.

"응, 이사는 살던 집을 떠나서 더 좋은 집으로 옮기는 거야."

"그럼 지금 할아버지 집은 나쁜 집이에요?"

아이가 이해하기 쉽도록 이사에 대해 좀 더 설명해주자, 딸아이는 고개를 끄덕이며 다시 물었습니다.

"그럼, 할아버지 집에 있던 물건들은 다 어떻게 해요?"

"쓰던 물건들은 트럭에 실어서 새 집으로 가져간단다."

"그럼 변기도 가져가요?"

그러더니 할아버지 할머니께 힘내시라는 편지를 쓰겠다고 했습니다. 편지는 이삿날 아침 아버지께 전해졌습니다.

"어디…… 우리 손녀가 뭐라고 썼는지 볼까?"

그런데 편지봉투를 뜯자마자 발밑으로 뭔가 후드득 떨어졌습니다. 어린이 영양제였습니다. 평소 그 약을 먹으면 키도 크고, 힘도 세진다고 했더니 이사하느라 고단하실 할아버지 할머니를 위해 제 몫의 어린이 영양제를 선물했던 것입니다. 봉투 속에는 '할아버지 할머니, 힘내세요!' 라고 적힌 쪽지도 들어 있었습니다.

아버지는 너털웃음을 웃으며 딸아이 앞에서 영양제를 꿀꺽 삼키셨습니다. 그러고는 팔을 들어 보이며 외치셨습니다.

"우리 손녀 덕분에 할아버지가 힘이 넘치는구나, 넘쳐! 허허허."

갑자기 부끄러워졌습니다. 그동안 저희 부부는 돈으로 뭘 사드릴지만 고민했지, 선물에 마음과 정성을 담을 줄은 몰랐기 때문입니다.

콩알만 한 어린이 영양제 속에 담긴 어린 딸의 알찬 사랑! 저희 가족의 행복에도 영양을 듬뿍 주었습니다.

짝짝이 구두

"아빠, 구두 닦아 드릴게요."

아침부터 햇볕이 뜨겁던 어느 여름날, 출근 준비를 하고 있는데 일곱 살 큰아이가 그러더군요. 꿍꿍이속이 궁금해 물었습니다.

"요 녀석, 갖고 싶은 장난감이 있나 보구나?"

"아니에요. 그냥 돈을 모으려고요. 매일 닦아 드릴 테니까 400원씩 주세요."

"아빠, 저도 구두 닦을게요. 저도 돈 주세요."

시샘 많은 작은아이도 덩달아 졸라댔습니다.

"그럼 각자 한 짝씩 닦고 200원씩 받는 걸로 하자."

그것이 형제의 우애를 위한 최선의 방법이라 생각했습니다. 그런데 문제가 좀 생겼습니다.

"어머, 이과장님 구두 좀 봐. 큭큭큭."

"급하게 나오시느라 구두를 짝짝이로 신고 오셨나 보네."

그도 그럴 것이 큰아이가 닦은 구두는 제법 윤이 나는데, 작은아이가 닦은 것은 영 신통치가 않았습니다. 저도 다른 구두가 아닐까 의심스러웠으니까요.

짝짝이 구두를 신고 다닌 지 한 달쯤 됐을까, 큰아이가 회사로 전화를 했습니다.

"아빠, 오늘 일찍 오실 거죠?"

"그래, 되도록 일찍 갈게. 그런데 아빠가 지금 많이 바

쁘거든."

하지만 저는 아들과의 약속을 까맣게 잊은 채 저녁모임에 갔다가 자정이 다 되어서야 집에 들어갔습니다. 술에 취해서 현관에 막 들어섰는데, 큰아이가 울먹이면서 달려나오더군요.

"아빠! 일찍 오신다고 했잖아요!"

아내까지 거들고 나섰습니다.

"당신도 참…… 일찍 온다고 약속해놓고 늦으면 어떡해요!"

모자가 합세해서 몰아세우는 통에 취기가 확 달아났습니다. 그때 큰아이가 선물상자를 내밀었습니다.

"아빠, 생신 축하드려요. 그동안 구두 닦아서 모은 돈으로 산 선물이에요."

상자 속에는 알록달록한 넥타이가 들어 있었습니다. 저의 생일 선물을 사려고 구두를 닦은 거라니! 목이 메었습니다. 돈을 똑같이 받았지만 아무것도 준비 못한 것이 쑥스러웠던지 작은아이는

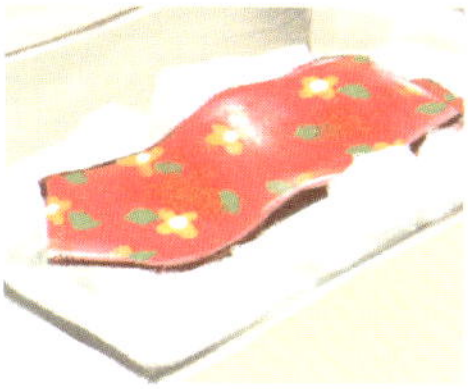

뽀뽀를 하더군요.

"돈 주고 살 수 없는 사랑의 뽀뽀예요."

짝짝이 구두를 신으면서 얻은 두 아들의 천진난만한 사랑. 생애 최고로 반짝이는 생일선물이었습니다.

꼬마 영웅

"헥…… 헥…… 엄마! 저 오늘 기분 최고예요!"

무슨 좋은 일이 있는지 초등학교 6학년인 큰아들이 숨을 헐떡이며 집에 왔습니다. 학교에서 상이라도 받았나 했더니 가슴 철렁한 이야기가 이어졌습니다.

"요 앞 사거리에서 어떤 할머니가 소매치기를 당했는데요. 제가 돈을 찾아 드렸어요."

아들은 은행에서 돈을 찾아 나오다가 소매치기 당한 할머니를 우연히 보고는 가방까지 내팽개치고 도둑을 뒤쫓았다고 했습니다.

"제가 거의 잡을 뻔했거든요. 그런데 마침 맞은편에서 걸어오던 어떤 아저씨가 발을 거는 거예요. 그래서 도둑이 꽈당, 하고 넘어졌어요."

아들아이는 넘어진 도둑이 정신을 못 차리는 사이에 재빨리 돈 봉투를 빼앗아 할머니에게 건넸다고 했습니다.

"할머니가 저한테 고맙다고 하시니까 사람들이 박수도 막 쳐줬어요. 히히히."

아들은 자랑스럽게 이야기했지만 저는 걱정이 이만저만이 아니었습니다. 세상이 워낙 흉흉하다 보니 행여 도둑이 아들 얼굴을 기억하고 해코지를 하지 않을까 싶어서요. 도둑이 아들의 얼굴은 못 봤다는 것을 몇 번이나 확인하고서야 조금 안심이 됐습니다. 잘했다고 하면 다음에 또 같은 행동을 할까 봐 칭찬해줄 수도 없었습니다. 아들은 제 눈치를 살피며 모깃소리만 한 목소리로 물었습니다.

"엄마…… 혹시 제가 뭐 잘못한 거예요? 저 때문에 화나셨어요?"

기세등등하던 좀 전과는 달리 의기소침해진 모습이었습니다. 곤경에 처한 사람을 도왔으니 칭찬을 해줘야 마땅한데 저는 오히려 아들의 기를 죽였던 것입니다.

"아니야, 잘했어. 우리 아들 정말 대단한걸! 그렇지만 준열아, 넌 아직 어려서 위험하니까 다음에 그런 일이 또 생기면 꼭 주위에 있는 어른들한테 먼저 도움을 청해야 해. 알았지?"

아들아이는 그제야 환하게 웃으며 고개를 끄덕였습니다. 정의를 위해 싸우는 영웅처럼 아들이 진정한 용기를 발판으로, 지혜를 날개 삼아 멋진 어른으로 자라면 좋겠습니다.

싱싱한 광고

"이 귤 맛없어서 도저히 못 먹겠어요. 환불해주세요."

"그럴 리가 없는데…… 죄송합니다……."

남편이 실직을 하면서 저희 부부는 아파트 앞 상가에 작은 과일

가게를 열었습니다. 남편도 저도 장사는 처음이라 물건을 파는 일도, 손님을 상대하는 일도 서툴기 짝이 없었습니다. 트럭을 몰고 아파트 단지까지 들어와 싼값에 과일을 파는 행상들 때문에 공치는 날도 허다했습니다. 텅 빈 금고를 볼 때마다 마음까지 텅 빈 듯 허전하고 착잡해졌습니다.

그러던 어느 날, 특수학교에 다니는 아들이 저녁때가 다 되도록 집에 오지 않았습니다. 정신지체인 데다 한쪽 다리까지 저는 터라 무슨 일이 생긴 건 아닌가 걱정과 불안이 앞섰습니다. 그날따라 눈도 많이 왔습니다. 저희 부부의 가슴속에 쌓여가던 절망처럼 흰 눈이 소복이 쌓이고 있었습니다. 학교에 전화해보니 한참 전에 집에 갔다고 했습니다. 덜컥 겁이 났습니다.

"여보…… 혹시…… 우리 훈이…… 나쁜 일 당한 건 아니겠죠?"

남편과 온 동네를 찾아 헤맸지만 아들을 찾을 수 없었습니다.

"흑흑흑…… 여보…… 어떡해요, 우리 훈이…… 어디서 길 잃었나 봐요……."

걱정으로 발만 동동 구르고 있던 바로 그때, 아들아이가 아파트 단지 쪽에서 터덜터덜 걸어오고 있었습니다. 곧장 아이한테로 달려가 와락 끌어안고 엉엉 울었지요.

"어디 갔었어…… 엄마가 얼마나 걱정했는데…… 미안해…… 엄마가 잘 못 챙겨줘서 미안해……."

갑작스런 상황에 놀랐는지 아들도 덩달아 울기 시작했습니다. 달래주려고 더 꼭 안았는데 발 아래로 뭔가가 툭 떨어졌습니다. 꼬깃꼬깃한 종이 뭉치였습니다.

"행복청가. 신신한 가일 이씁니다……?"

저희 부부는 그만 할 말을 잃고 말았습니다. 맞춤법도 엉망이고 글씨도 들쭉날쭉했지만, 분명 아들이 직접 만든 우리 가게 광고지였습니다. 다리도 불편한데 광고지를 들고 혼자 눈길을 헤맸을 걸 생각하니 가슴이 뭉클했습니다.

아이의 손을 잡고 집으로 돌아가는 발걸음이 가벼웠습니다. 아들이 만든 세상에서 단 하나뿐인 광고가 저희 부부에게 싱그러운 용기를 심어주었기 때문입니다.

우리 아들은 1등

"청군 이겨라, 청군 이겨라!"

"백군 이겨라, 백군 이겨라!"

뜨거운 태양 아래서 펼쳐진 운동회. 그때 아들은 초등학교 3학년이었습니다. 딸 둘을 낳고 어렵게 얻은 늦둥이 막내라 어릴 때

부터 우리 집 보배로 특별하게 키웠지요. 귀한 만큼 웬만한 잘못은 다 받아주곤 했습니다. 그런데 언젠가부터 슬슬 걱정이 되기 시작했습니다. 너무 싸고돌아서 자기밖에 모르는 버릇없는 아이가 될까 봐서 말이지요. 운동회가 열린 건 그 무렵이었습니다.

달리기 경기에 나간 아들은 성난 말처럼 모래바람을 가르며 달렸습니다. 늘 4등만 도맡아 하며 한 번도 순위권에 들지 못하넌 녀석이 그날은 달랐습니다.

"우리 아들 잘한다! 잘해! 이상호 최고!"

그리고 난생 처음 3등으로 골인했습니다. 세상을 다 얻은 것 같은 기쁨에 넘쳐 있던 그때, 아들이 빈손으로 털레털레 걸어왔습니다.

"상호야, 왜 그냥 와? 저기서 시상식 해야지. 너 3등 했잖아."

"그게요…… 항상 3등을 하던 친구가 있는데 이번에 4등 했다면서 막 울잖아요. 그래서 양보했어요. 전 만날 4등 하니까 한 번 더 해도 괜찮아요. 히히."

아쉬운 마음으로 치자면 저보다 더할 텐데, 오히려 태연하게 웃으며 저를 다독였습니다. 아들은 더 이상 제가 알던 철부지 꼬맹이가 아니었습니다.

"그래, 잘했어. 착한 우리 아들!"

저는 아이를 꼭 안아주었습니다.

그게 벌써 강산도 한 번 변한다는 10년 전 일입니다. 아들은 지금 군 복무 중이지요. 저는 요즘도 가끔 그날의 기특했던 아들 모습이 떠올라 미소 짓곤 합니다. 언제나 늠름하고 다부지게, 건강하고 밝은 생각으로 우리 가족에게 큰 즐거움을 주는 아들은 제가 아는 최고의 사나이입니다.

아들의 새벽운동

"넌 하필 이렇게 추울 때 운동을 한다고 그러니?"

"이제 고3이잖아요. 체력 좀 키우려고요."

철도 없고 끈기도 없는 아들 녀석이 새벽에 운동을 하겠다고 했을 때 믿을 수가 없었습니다. 몇 번 하다 포기할 줄 알았습니다.

그런데 제 예상은 빗나갔습니다. 아들은 하루도 거르지 않고 새벽마다 운동을 나갔습니다. 그러다 감기 한 번 안 걸리던 녀석이 결국 앓아누웠습니다. 말릴 수밖에 없었지요.

"이제 운동 그만해. 날씨도 추운데 너 그러다 큰일 나겠다."

"안 돼요. 2월까지는 꼭 해야 해요."

"정말 말 안 들을 거야? 안 그래도 속상한데 왜 너까지 엄마를 힘들게 하니? 응?"

실은 그때 저희 가족은 남편의 실직으로 고단한 나날을 보내고 있었습니다. 타이르기도 하고 야단도 쳤습니다. 그래도 아들은 고집을 꺾지 않았습니다.

"다녀올게요, 엄마."

2월까지라고 못을 박는 이유도, 아픈 몸으로 굳이 운동을 하겠다는 오기도 이해되지 않았지만, 저는 더 말리지 못하고 힘없이 집을 나서는 아들의 뒷모습을 보고 있을 수밖에 없었지요.

그렇게 한 달이 지났습니다.

"아버지, 어머니, 그동안 새벽에 운동한답시고 걱정 끼쳐서 죄송해요. 이건 제가 한 달 동안 신문 배달해서 번 돈이에요."

아들은 아버지의 실직으로 생활비조차 빠듯한 형편에 자신의 학원비까지 더해져서 허리가 휘는 부모님을 생각하니 가만히 있을 수 없었다고 했습니다. 작으나마 힘이 되어 드리고 싶고, 든든한 아들의 모습을 보여 드리고 싶어 신문배달을 시작했다고 했습니다. 어느새 훌쩍 커버린 아들의 깊은 마음을 그제야 알게 되었지요. 그동안 오해했던 것이 미안했습니다.

"이제 네 마음 다 알았으니까 진짜로 그만둬."

"방학 동안만 할게요. 신문 배달하면서 배운 게 많거든요."

아들은 돈 버는 어려움을 몸으로 체험하면서 부모의 마음을 조금이나마 이해하게 됐다고 했습니다. 무엇보다 함께 있는 것만으로도 힘이 되고, 위안이 되는 가족의 소중함을 깨달았다는 아들의 말에 저희 부부는 흐뭇해졌습니다.

이제는 아들의 새벽운동을 말리지 않습니다. 새벽운동을 통해 돈 주고도 배울 수 없는 삶의 가치들을 깨우치며 인생의 새벽을 힘차게 열어가고 있으니 말입니다.

나누는 기쁨, 함께하는 행복.
그때 그 순간 제 곁에 있었던 당신은
하늘이 보내준 행운의 선물입니다.
저도 이제 누군가에게 행운이 되고 싶습니다.

4

고마워요
"당신이 큰 힘이었어요"

마음을 잇는 포옹

대대의 총지휘를 맡고 계신 대대장님이 부대의 아버지라면, 병사들의 인사나 진로를 관리하는 주임원사님은 부대의 어머니지요. 제가 만난 원사님은 '어머니'라는 별칭이 정말 잘 어울리는 분이셨습니다.

훈련소에서 자대 배치를 받고 원사님을 처음 뵙던 날이었습니다. 원사님은 저희에게 반갑게 인사를 건네시고는 한 사람 한 사람 꼭 안아주셨습니다.

"사랑합니다."

"사랑합니다."

"사랑합니다."

사랑한다는 말까지 덧붙이셨는데, 저처럼 평소 애정표현에 익숙하지 않은 장병들에게는 너무나 충격이었습니다. 다정한 포옹이 정을 쌓는 데 좋다는 것은 알고 있지만 남자끼리 껴안는다는 게 어쩐지 쑥스럽고 민망했습니다. 몇몇 동료들도 닭살이라며 야단이었습니다.

"아까 원사님이 안아주실 때 소름이 쫙 돋더라."

"마음은 알겠는데 어째 좀, 그렇긴 했어."

그런데 그 일은 시작에 불과했습니다.

"다음 주부터 '안아주기 운동'을 하기로 원사님과 결정했다.

포옹을 나누면 동료들 간에 더욱 끈끈한 정이 생길 것이다. 다들 잘 실천하도록!"

내키지 않았지만 위에서 내린 결정이니 따를 수밖에 없었습니다.

안아주기 운동이 시작되면서 내무반 곳곳에는 포옹 표어가 걸렸습니다. 아침에 일어나서 안아주고, 잠자리에 들기 전에도 안아주고, 세수하고 밥을 먹듯 우리는 하루도 빼놓지 않고 서로를 안아주었습니다.

그렇게 몇 주가 지나자 놀라운 변화가 생겼습니다. 작전 수행을

앞두고 있거나 한겨울 경계근무를 설 때, 우리는 누가 시키지 않아도 서로를 안으며 긴장을 풀어주고 언 몸을 녹였습니다. 포옹이 어느새 일상이 된 것입

니다. 자연스럽게 장병들 사이에도 강한 유대감이 생겨났습니다. 상처를 품어주고 단점까지 감싸주는 따뜻한 포옹이 마음과 마음을 잇는 끈이 되어 우리를 하나로 묶어준 것입니다. 그때 알았습니다. 포옹은 마음과 마음이 나누는 대화라는 것을요. 가슴과 가슴이 맞닿아 서로의 가슴에 사랑을 심는 일이라는 것을요.

오늘처럼 찬바람이 부는 날이면 포옹의 진가를 알게 해주신 원사님이 문득 보고 싶어집니다.

우정의 안전띠

어느 화창한 가을날이었습니다. 오토바이 운전면허시험 문제지를 들고 서둘러 시험장에 들어섰습니다. 까까머리 고등학생부터 뽀글뽀글 파마머리 아주머니, 은발의 어르신까지 다양한 이웃들이 필기시험 준비를 하고 있었습니다.

“혹시 글을 읽기 힘든 분 계십니까?”

그때 한 청년이 일어나 말했습니다.

“저는 제 친구를 도우러 왔습니다.”

교통사고로 뇌를 다치면서 글을 제대로 읽지 못하게 됐다는 청각장애인 친구를 도우러 온 시각장애인 청년이었습니다. 제가 문제를 소리 내어 읽으면 시각장애인 청년이 청각장애인 친구에게 수화로 문제를 설명해주겠다고 했습니다. 한 사람은 두 손으로 따뜻한 언어를 만들어내고, 다른 한 사람은 두 눈으로 친구의 따뜻한 마음을 읽고…… 두 청년의 모습은 감동 그 자체였습니다.

청각장애인 청년은 친구의 도움을 받아 무사히 필기시험에 합격했습니다. 그리고 무척 행복해하며 친구의 손바닥에 뭐라고 글씨를 썼습니다.

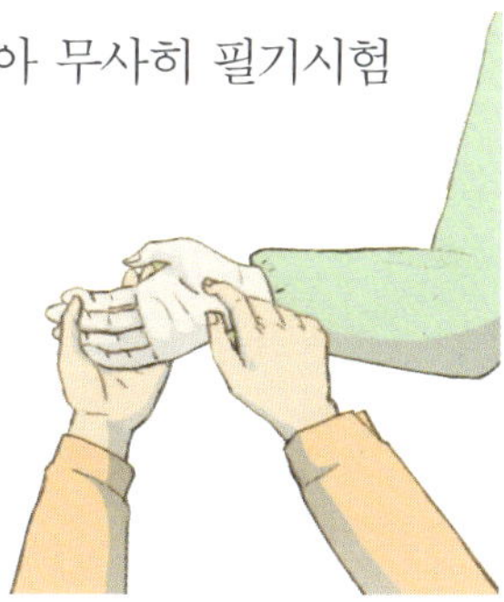

“고마워!”

두 사람의 우정은 기능시험을 볼 때도 빛이 났습니다. 사고로 한 쪽 다리까지 다친 청각장애인 친구에게 시각장애인 청년은 수화로 격려했습니다.

"긴장하지 말고 자신 있게 해. 넌 누구보다 잘 해낼 수 있어."

"우와! 진짜 멋진 친구들이네."

두 청년의 우정 어린 모습은 시험장에 감돌던 팽팽한 긴장감을 훈훈하고 여유롭게 바꿔놓았습니다.

마침내 청각장애인 청년의 차례가 되었습니다. 청년은 불편한 다리를 이끌고 씩씩하게 장애인용 오토바이에 올라탔습니다. 긴장했던 좀 전의 모습과 달리 힘찬 출발이었습니다. 어려운 코스들을 무사히 통과하자 여기저기서 탄성이 터졌습니다.

"우와! 베스트 드라이버다!"

그때 시각장애인 청년은 친구의 멋진 모습을 마음으로 그리고 있는 듯 흐뭇하게 미소 짓고 있었습니다.

"지금 들어온 청년은 세상에서 가장 밝은 귀를, 친구는 세상에서 가장 밝은 눈을 가진 젊은이입니다. 여러분, 우정의 힘으로 합격한 두 사람에게 박수 한번 보내줄까요?"

사람들의 뜨거운 환호 속에서 두 청년은 손을 꼭 잡았습니다. 서로의 눈과 귀가 되어주고 있는 두 사람의 아름다운 우정은 험한 세상에서 안전주행을 약속하는 그들만의 안전띠가 될 것입니다.

행복한 뇌물

"걱정 마요. 잘 전해 드리고 올게요."

4년 전 그날도 저는 남편의 부탁으로 부장님 댁에 추석선물을 전하러 갔습니다. 외출 준비를 하는 동안에는 콧노래까지 불렀습니다. 늘 따뜻하게 맞아주시고 인생의 선배로서 좋은 말씀도 아낌없이 해주시는 사모님을 만날 생각에 절로 기분이 좋아졌기 때문입니다.

집 앞에 도착한 저는 즐거운 만남을 기대하며 초인종을 눌렀습니다.

"누구세요?"

"저예요, 사모님."

그런데 사모님은 선물을 건네자 의아한 듯 물으셨습니다.

"정말 우리 집에 가져온 선물 맞아요?"

그렇다고 대답했지만 사모님은 좋아하시기는커녕 믿기 힘들다는 눈빛이셨습니다. 선물만 겨우 전하고 돌아왔는데 사모님의 냉랭한 태도가 내내 마음에 걸렸습니다. 전과 다른 태도에 섭섭하기도 했고요.

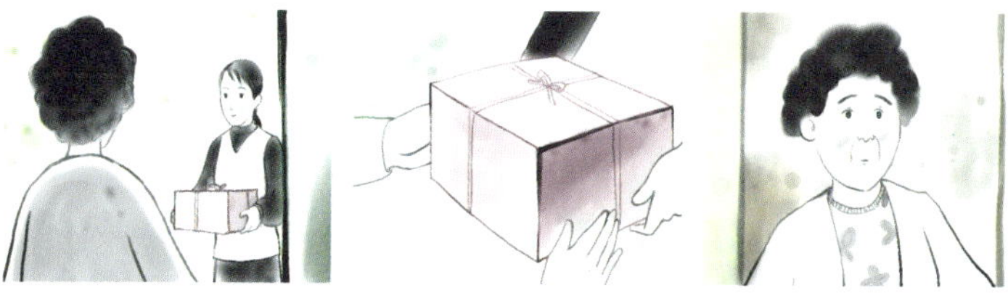

그날 밤, 남편에게 낮에 있었던 일을 이야기했습니다.

"사모님 말이야…… 꼭 다른 사람 같으셨어."

"실은 부장님이 얼마 전에 명예퇴직 하셨거든."

"어머머! 뭐라고요? 그런데 선물은 왜 했어요?"

쓸데없는 심부름을 시켰다며 핀잔을 주자 남편은 말없이 그저 실망스러운 눈빛만 보냈습니다. 그러더니 이듬해 설날에는 돈 봉투를 건네며 부장님 댁에 전해 드리라고 했습니다.

"부장님 다시 회사에 들어오셨어요?"

"그랬으면 돈을 왜 보내겠어?"

남편의 따가운 눈빛에 마음이 상했지만, 저도 더는 물어보지 않았습니다. 그리고 해질 무렵, 부장님 댁으로 갔습니다. 사모님은 그사이 몹시 수척해져 계셨습니다.

"지난 추석 때 선물 받았다고 남편한테 혼났어요."

순간 예전에 제가 힘들 때 사모님이 위로해주셨던 게 생각났

습니다. 이번에는 내 차례구나 싶었습니다. 저도 모르게 힘이 불끈 솟더군요. 활짝 웃으며 씩씩하게 말했습니다.

"전에 드린 건 선물이었지만 이건 뇌물이에요!"

뇌물이라는 말에 사모님은 화들짝 놀라셨습니다.

"저희는 부장님이 더 좋은 회사에 취직하실 거라고 믿어요. 그때 잘 봐달라는 뇌물이에요."

그제야 사모님은 웃으며 봉투를 받으셨습니다.

"그런 거라면 기꺼이 받을게요. 고마워요."

사모님의 행복한 미소를 보자 뇌물을 전하고도 뿌듯함을 느끼게 해준 속 깊은 남편이 자랑스러워졌습니다.

참기름처럼 고소한 행운

"어머나, 얼마나 속상할까!"

"그러게 말이야. 얼른 찾아주자고."

큰형부가 어느 날 골목에서 우연히 남성용 지갑 하나를 주웠습니다. 지갑 안에는 현금 10여만 원과 각종 카드, 전화번호 수첩이

들어 있었습니다. 워낙 착하게만 살아온 큰언니 부부는 당연히 지갑 주인을 찾아야 한다고 생각했습니다.

"실례합니다만 제가 지갑을 주워서 그러는데, 혹시 무안군 일로읍에 사는 김성우 씨를 아시나요? 모른다고요? 죄송합니다."

몇 시간 동안 수첩에 적힌 사람들에게 일일이 전화를 건 끝에 드디어 그를 안다는 사람이 나타났습니다. 형부는 그 사람을 통해 지갑 주인의 연락처를 받아 곧바로 만날 약속을 잡았습니다. 기분 좋게 지갑을 돌려주고는 끝끝내 사례도 마다하고 돌아왔지요.

착한 사람은 복을 받는다고 했던가요. 며칠 후 운명 같은 일이 일어났습니다. 형부와 지갑 주인이 우연히 다시 만난 것입니다.

"어! 안녕하세요. 여기서 가게를 하고 계셨군요. 이거 정말 잘됐습니다. 저희한테 참기름을 납품해주십시오. 제가 김 공장을 하고 있거든요."

큰언니 부부는 재래시장 한 귀퉁이에서 참기름 가게를 운영하고 있었는데, 지갑 주인이 그 앞을 지나다가 가게 안에 있던 형부를 본 것입니다. 큰 매출 없이 그럭저럭 먹고살 정도로만 가게를 꾸리던 큰언니 부부에게는 더 생각할 것도 없이 좋은 조건이었습니다.

"정말이십니까? 최고급 참깨만 써서 저희 참기름의 품질은 자신 있습니다만, 그래도 한번은 써보고 결정하셔야 하지 않겠습니까?"

형부의 뜻이 워낙 완고해서 지갑 주인인 김 공장 사장도 일단 시험을 거치기로 했습니다. 결과는 물론, 대만족이었지요.

"원래 쓰던 참기름보다 더 고소하고 맛있더군요. 덕분에 김 맛이 아주 좋아졌습니다. 허허허."

이렇게 해서 큰언니 부부는 지갑 주인을 찾아준 답례로 더 많은 참기름을 팔 수 있게 되었습니다. 정직하고 친절한 배려가 큰언니 부부의 일상에 참기름만큼이나 고소하고 담백한 행운을 가져다 준 거겠지요.

얼굴 없는 천사

"어! 비 오네…… 어떡하지? 우산 없는데……."

2년 전, 경찰학원에 다니고 있을 때입니다. 학원 자습실에서 늦게까지 공부를 하고 있는데 장대비가 쏟아지기 시작했습니다. 쉽게 그칠 것 같지 않아 서둘러 가방을 챙겨 나왔지요. 일단 열심히

필기한 노트와 책이 젖지 않도록 가방을 신문지로 꽁꽁 싸서 자전거 뒷좌석에 고정시켰습니다. 그런 다음 조금이라도 비를 덜 맞아야 한다는 일념으로 빗속에서 쉬지 않고 페달을 밟았습니다.

그런데 아뿔싸! 집에 도착해보니 가방이 없었습니다.

“으으…… 그동안 얼마나 열심히 공부했는데…… 이제 어떡하지?”

지갑이 없어진 것은 중요하지 않았습니다. 노트와 책을 잃어버린 것이 문제였습니다. 꿈을 이루기 위해 아르바이트까지 하며 번 돈과 틈틈이 아껴 모은 용돈을 합해서 시작한 공부였기 때문에 누구보다 열심히 했습니다. 그래서 더욱 속이 탔습니다.

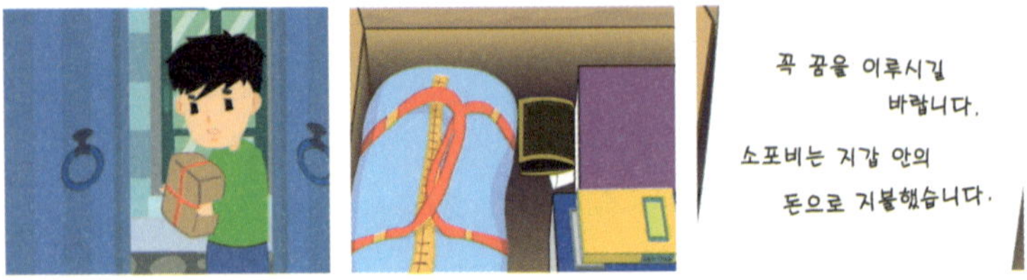

그렇게 며칠이 지난 어느 날이었습니다. 낯선 사람이 제 앞으로 소포를 보내왔습니다. 꽤 묵직했습니다. 의아해하며 포장을 풀자마자 저는 깜짝 놀랐습니다. 상자 안에 낯익은 물건들이 가득했기 때문입니다. 비 오던 날 잃어버린 가방과 그 안에 든 물건들이 고스란히 들어 있었습니다. 물론 소중한 책과 노트도 있었지요. 소포비 영수증과 함께 감동적인 편지도 한 장 들어 있었습니다.

'꼭 꿈을 이루시길 바랍니다. 소포비는 지갑 안의 돈으로 지불했습니다.'

그 소포 덕분에 저는 지금 경찰관이 되었습니다. 얼굴 없는 천사가 제 가방뿐 아니라 꿈까지 지켜주었던 것입니다. 그리고 그날 일은 아직까지도 저를 바로 세워주는 힘이 되고 있습니다.

우산을 챙기는 마음

“그러고 보니 고맙다는 인사 한번 제대로 드린 적이 없네…….’

새 학기가 시작된 초봄이었습니다. 아침부터 비가 내렸고, 부슬부슬 비 오는 창밖을 보고 있으니 문득 생각나는 사람이 있었

습니다.

처음 그날도 이렇게 비가 왔지요. 비가 올 거라는 일기예보를 듣고도 우산 챙기는 걸 깜박했던 저는 교실 안에서 난감해하고 있었습니다. 그때 반 아이 한 명이 제게로 왔습니다.

"선생님, 이 우산 쓰세요."

"아니야, 선생님은 괜찮아. 네가 쓰고 가야지."

"제 우산은 또 있어요. 엄마가 하나는 선생님 드리라고 했거든요."

얼마나 고맙던지! 아이 어머니의 깊은 배려에 감동을 받았습니다. 그때부터 그 아이의 어머니는 비가 온다는 예보가 있을 때마다 한 번도 거르지 않고 아이 편에 우산을 챙겨 보내셨습니다. 감사한 마음으로 받곤 했는데, 언젠가부터 저도 모르게 그것을 당연하게 생각하기 시작했습니다. 우산을 미리 챙겨온 날에는 도리

어 짐이 늘었다며 귀찮아했습니다. 그럴 때는 우산이 없어 집에 못 가고 있는 아이에게 건네기도 했지요.

그런 일들을 떠올리자 미안한 마음과 고마운 마음이 동시에 들었습니다. 그냥 있으면 안 되겠다 싶어 전화기를 꺼냈습니다.

"안녕하세요. 비가 오니까 어머니 생각이 나서요. 비가 올 때마다 우산 챙겨 보내시는 거 무척 번거로우셨을 텐데, 지난 1년 동안 정말 감사했습니다."

"아니에요, 선생님. 사실 그건 선생님을 위한 것이기도 했지만 아이를 위한 일이기도 했답니다."

그리고 이렇게 덧붙이셨습니다. 선생님은 귀한 분이니 비를 맞으면 안 된다는 말과 함께 아이 손에 우산을 챙겨 보낸 거라고, 그렇게 해서 선생님에 대한 존경심을 심어주고 싶었다고 말입니다. 이제는 아이가 먼저 선생님 우산을 챙겨 학교에 간다고도 하셨습니다.

"한두 번 하다 그만둘 거였으면 아예 시작도 안 했을 거예요."

"아……!"

순간 가슴이 뭉클했습니다. 수화기 저편에서 들려오는 밝고 확신에 찬 목소리가 제 마음에 촉촉한 단비를 뿌려주는 것 같았습니다. 그리고 다짐했지요. 그분의 가르침과 배려가 헛되지 않도록 아이들에게 더 좋은 교사가 되어야겠다고 말입니다.

사랑의 보일러

"할머니, 추운데 왜 집에 안 들어가고 밖에 계세요?"

"우리 손자 기다려야 해. 그리고 안이나 밖이나 추운 건 매한가지야. 보일러가 고장 났거든."

어느 겨울날, 보일러 수리공 영수 씨는 퇴근길에 길에서 떨고 있는 할머니 한 분을 보았습니다. 그냥 지나치지 못하고, 더구나 딱한 사정을 모른 척할 수도 없어서 무료로 보일러를 수리해 드렸습니다.

"할머니, 이제 방이 따뜻해질 거예요."

"이렇게 고마울 데가……!"

"아닙니다, 할머니. 보일러 점검해야 하니까 내일 다시 올게요."

영수 씨는 흐뭇한 미소를 지으며 골목으로 접어들었습니다. 그때 한 청년이 시비를 걸어왔습니다.

"아저씨, 왜 웃어? 내가 우스워?"

그러고는 다짜고짜 영수 씨를 때리기 시작했습니다.

다음 날 아침, 영수 씨의 몸은 온통 멍투성이가 되어 있었습니다. 몸을 일으키기도 힘들었지만 영수 씨는 할머니와의 약속을 지키기 위해 겨우겨우 집을 나섰습니다.

그런데 할머니 집에 들어서는 순간 영수 씨는 깜짝 놀라 걸음을 멈췄습니다. 전날 밤 영수 씨를 때린 청년이 거기 있었기 때문입니다. 청년은 영수 씨를 보자마자 얼굴이 파랗게 질렸습니다. 영

수 씨도 울컥 화가 치밀었지만 내색하지 않고 묵묵히 보일러만 살폈습니다.

전날 일에 대해서는 한마디도 하지 않고 돌아서는 영수 씨를 청년이 불렀습니다.

"저기…… 아저씨…… 어제는 정말…… 죄송했습니다……. 아저씨처럼 좋은 분을……. 그냥 아무나 붙잡고 화풀이를 하고 싶어서 그만……."

청년은 하는 일마다 번번이 실패해서 자포자기한 심정이었다고 했습니다.

"지난 일은 다 잊을 테니 할머니를 봐서라도 마음 굳게 먹고 살아. 응?"

"고맙습니다…… 용서해주셔서……."

그 일을 계기로 영수 씨는 어려운 이웃들에게 무료로 보일러를

고쳐주기 시작했습니다. 영수 씨의 구슬땀은 사랑의 온기가 되어 가난과 추위로 꽁꽁 언 이웃들의 몸과 시린 가슴을 따뜻하게 녹여주고 있지요. 어둡고 차가웠던 청년의 마음을 어루만져주었던 것처럼 말입니다.

마음의 흉터

저의 한쪽 뺨에는 새끼손톱만 한 흉터가 있습니다. 1년 전, 교통사고 때문에 생긴 상처입니다. 열다섯 살 사춘기 소녀에게는 감당하기 힘든 일이었습니다. 얼굴의 상처보다 마음에 남은 상처가 더 컸지요. 제 흉터에 대해 뭐라 말하는 사람이 없

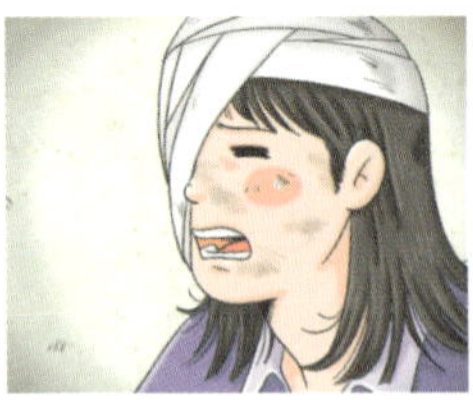

어도 혼자 괜한 피해의식에 사로잡혀 바짝바짝 말라갔습니다. 친구들의 위로도 부담스럽기만 했습니다. 저를 동정하는 것만 같아 화만 냈지요. 친구들은 하나 둘 떠나갔습니다. 이 모든 게 얼굴에 생긴 흉터 때문이라고 생각하니 더욱 서러웠습니다. 날마다 제 처지를 비관하며 울었지요. 시간이 약이라는 어른들의 말도 제게는 도움이 되지 않았습니다.

미영이가 전학을 온 건 그 무렵이었습니다.

"안녕? 만나서 반가워!"

미영이의 오른쪽 뺨에는 커다란 화상 자국이 있었습니다.

'나보다 흉터가 더 심하잖아! 쟤도 나처럼 마음을 닫고 우울한 시간을 보내고 있을 거야.'

하지만 예상과 달리 미영이는 전

학 온 지 며칠 만에 반 아이들의 마음을 사로잡았습니다. 밝은 미소와 재치 있는 말솜씨, 마치 흉터 같은 건 아예 없는 아이 같았습니다. 그 비결이 궁금했지만 자존심 때문에 차마 물어보지는 못했습니다.

그러다 교실에서 우연히 미영이의 수첩을 주웠습니다. 조심스럽게 펼쳐보았지요. 수첩에는 똑같은 문장이 수없이 반복해서 적혀 있었습니다.

'나는 나를 사랑합니다. 흉터도 나의 일부입니다. 그렇기에 나는 내 흉터도 사랑합니다.'

저는 놀란 마음을 감추고 아무렇지 않은 척 미영이에게 수첩을 전했습니다. 그러자 미영이가 웃으며 먼저 말을 꺼냈습니다.

"에잇, 들켜버렸네! 어쩔 수 없지. 너한테는 고백해야겠다!"

미영이는 초등학교 6학년 때 집에 불이 나는 바람에 얼굴에 화상을 입었다고 했습니다.

"그때는 정말 죽고 싶을 만큼 괴로웠어."

그러다가 어느 날 문득, 흉터는 이미 생겨버렸고 지울 수 없으니 있는 그대로 받아들이자는 생각이 들었다고 했습니다. 그때부터 눈물을 멈추고 스스로에게 최면을 걸기 시작했다고요. 수첩에 똑같은 문장을 반복해서 쓴 것도 다 주문을 외는 방법 중 하나라고 했습니다.

"생각해보면 진짜 흉터는 여기, 내 마음에 있었던 거 같아."

얼굴의 흉터보다 더 깊은 상처는 마음에 있다며 제게 기운을 북돋아 주던 미영이의 환한 미소는 제 마음의 상처를 어루만져 준 천사의 미소요, 따사로운 한 줄기 햇살이었습니다.

오지에서 생긴 일

"아, 덥다…… 더워……."

남태평양에 있는 오지의 섬으로 사업차 출장 갔을 때의 일입니다. 그곳 생활은 참으로 힘겨웠습니다. 무덥고 축축한 열대성 기후도, 떼로 몰려다니는 부족사회의 습성도, 도무지 적응되지

않았지요. 회의도중 정전이라도 되면 하얀 이를 드러내기 전까지는 누가 어디 있는지 도저히 알 수 없을 정도로 원주민들의 피부가 까매서 야간운전을 할 때는 특히 조심해야 했습니다.

그날도 한밤중에 직장 동료와 숙소로 돌아가고 있었습니다.

"이렇게 깜깜한데 원주민이 지나가면 어디 보이기나 하겠어?"

그런데 인적 드문 숲길에서 그만 타이어에 펑크가 났습니다.

"하필 이런 곳에서……."

동료와 저는 낑낑대며 타이어를 갈아 끼우려 애썼습니다. 바로 그때였습니다.

"거기 누구요?"

우거진 수풀 속에서 작살을 든 원주민들이 하나 둘 모습을 드러내기 시작했습니다. 순간 나무에 대롱대롱 매달려 잡혀가는 영화 속 장면이 떠올라 동료와 저는 서로 부둥켜안고 벌벌 떨었습니다. 족장인 듯한 남자가 원주민 말로 뭐라고 했는데, 고개를 갸웃거리며 머리만 긁적이고 있으니 영어로 다시 묻더군요.

"무슨 일 있으십니까?"

저는 잔뜩 겁먹은 목소리로 설명했습니다.

"아…… 예…… 저 그게 실은…… 그러니까…… 타이어가 펑크가 나서…… 그래서……."

"우리가 당신들을 도와주겠습니다."

더듬거리며 말을 끝까지 잇지도 못하는 저와는 달리 족장의 태도는 단호하고 분명했습니다. 그가 원주민들에게 뭐라고 뭐라고 지시를 내리자 사람들이 일제히 차를 에워싸고는 번쩍 들어 올렸습니다.

"자, 이제 편하게 고치십시오."

긴장하고 있던 참에 순식간에 벌어진 일이라 동료와 저는 할 말을 잃고 멈칫했습니다. 그러다 곧 정신을 가다듬고 타이어를 교체했지요. 저희는 답례로 들고 있던 손전등을 선물했습니다.

"어…… 뭐지? 어엉?"

신기해하는 원주민들의 모습이 귀여워 좀 전까지의 긴장이

말끔히 사라지고 웃음이 났습니다.

숙소로 돌아가는 길, 원주민들의 배웅을 받으며 생각했습니다. 그들의 물질문명은 분명 뒤떨어져 있지만, 타인을 배려하는 마음과 정신문명은 어느 나라 사람보다 앞서 있다고 말입니다. 멀리 타국에서 순수한 사람들의 따뜻한 마음을 느낄 수 있던 밤이었습니다.

여분의 행복

"어떡하지? 눈 때문에 미끄러워서 바퀴가 자꾸 헛도는데……."

오래전 어느 겨울, 미국에 살던 부모님과 누나가 눈 덮인 도로에서 차가 미끄러지는 사고를 당했습니다. 그때 눈길에 발이 묶인 식구들 앞에 구세주처럼 중년의 미국인 신사가 나타났습니다.

"제 차에 여분의 모래주머니가 있습니다. 그걸 쓰시지요."

덕분에 가까스로 위기를 모면한 식구들이 사례를 하려고 하자 신사는 이 말만 남기고 다시 길을 나섰다고 합니다.

"그저 눈 때문에 곤란을 겪는 사람들을 돕고 싶은 마음에 모래 주머니를 넉넉하게 가지고 다닌 것뿐이랍니다. 저도 그런 경험이 있거든요."

저는 그 이야기를 듣고 결심했습니다.

"음…… 그러면 나는 이제부터 아이젠을 넉넉히 가지고 다녀야겠다."

미끄럼 방지를 위해 등산화 밑에 덧신는 아이젠은 산행을 즐기는 저희 부부가 준비하기에 안성맞춤이었습니다. 겨울 산을 오르다보면 아이젠을 미처 챙기지 못해 난처해하는 등산객들을 종종 보게 되거든요. 실제로 겨울 산은 높이에 따라

기온차가 크기 때문에 산 아래 상황만 보고 등산을 했다가 눈 쌓인 정상에서 낭패를 당하는 경우가 허다합니다.

그러던 어느 날, 아이젠 없이 산에 올랐다가 쩔쩔매고 있는 젊은 부부를 만났습니다.

"저희한테 여분의 아이젠이 있습니다. 이걸 신으면 훨씬 수월하실 거예요."

"고맙습니다. 정말 고맙습니다!"

부부는 몇 번이나 고맙다고 하면서 답례로 식사를 대접하겠다고 했습니다.

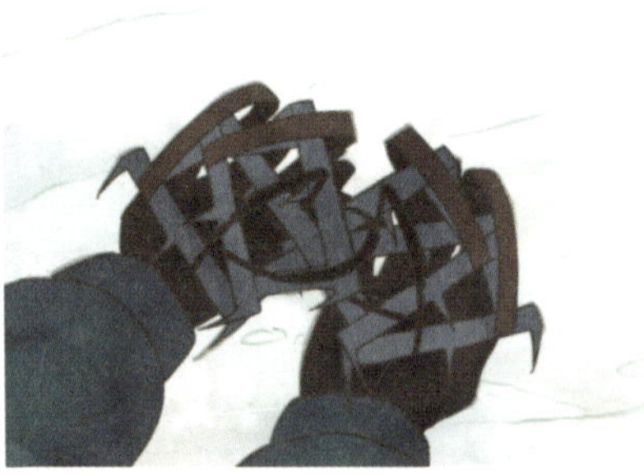

"대가를 바라고 한 일이 아니랍니다."

저는 부부의 호의를 정중히 거절했습니다. 대신 함께 하산하면서 뉴욕 신사 이야기를 들려주었지요.

"우와! 그런 마음이 널리 퍼지면 정말 좋겠네요."

"그렇죠? 그러니 혹시 기회가 되면 무엇을 나눌 수 있을지 한번 생각해보세요. 저도 이렇게 실천해보니 생각했던 것보다 훨씬 더 기분이 좋군요."

그 일이 있고 나서 저희 부부는 산에 오를 때마다 더욱 열심히 아이젠을 챙깁니다. 그것이 도움이 간절히 필요한 누군가에게 큰 힘이 되고, 세상을 보다 행복하게 만들어줄 것이기 때문입니다.

얼어붙은 땅에서 싹이 돋고
메마른 사막에서 샘물이 솟듯
뿌옇게 먼지 낀 삶에도
한 줄기 투명한 햇살이 비칩니다.
희망이라는 붉은 태양이 가슴에 들어왔습니다.

5

괜찮아요

“내일은 더 좋은 사람이 될 거예요”

우리 동네 고추밭

"와…… 좋다!"

"마당, 마당, 하더니 소원 이루셨네. 허허허."

30년 아파트 생활을 청산하고 단독주택으로 이사를 하게 됐습니다. 마당 넓은 집에 사는 것이 오랜 꿈이요 희망이었던 저는 무척이나 행복했고, 그런 저를 보면서 남편도 흐뭇해했습니다.

손톱에 빨갛게 꽃물 들이던 어린 시절을 떠올리면서 봉숭화며 채송화며 백일홍을 화단 가득 심었습니다. 까치가 날아와 목을 축일 수 있게 절구 모양 돌확에 물도 받아두었고, 복슬강아지도 마당에서 뛰놀게 했습니다.

"어머나, 정말 멋지다! 진짜 네가 다 가꾼 거야? 나도 이런 집에서 살고 싶다!"

집에 놀러온 친구들도 무척 부러워했습니다. 조용한 마을에 운치 있는 정원. 글을 쓰는 제게는 안성맞춤인 생활 터전이었습니다.

그렇다고 모든 것이 만족스러운 건 아니었습니다. 인적이 드문 한적한 마을이다 보니 구멍가게에 한번 가려 해도 한참을 걸어야 했습니다.

"아이고, 다리야…… 얼마나 더 가야 하는 건지, 원……."

그러던 어느 날, 공중 목욕탕에 가려고 집을 나섰다가 산턱에 넓게 펼쳐진 고추밭을 보았습니다.

"어머나! 누가 여기다 고추농사를 짓네."

그때부터 그곳을 지날 때마다 유심히 살폈지요. 초록의 고추밭은 그해 여름 하얀 꽃망울을 터트리면서 주렁주렁 열매를 맺었고, 살랑살랑 가을바람에 빨갛게 여물어갔습니다. 더불어 제 욕심도 빨갛게 익어갔습니다.

"쌈장에 찍어 먹으면 진짜 맛있겠다!"

사람 발길도 드물겠다, 많이 열려 있으니 몇 개쯤 따도 티도 안 나겠다 싶어 저는 그만 고추 서리를 하고 말았습니다.

"아이, 떨려! 아무도 안 봤겠지?"

처음에는 한두 개 따는 정도였습니다. 그러다 어느새 대담해져 주머니를 두둑이 채우게 됐습니다. 그때까지도 밭 주인은 한 번도 보이지 않았습니다.

이듬해 봄, 드디어 밭을 갈고 있는 주인을 만났습니다.

"혹시 아주머니가 밭 주인이세요?"

"예, 그렇습니다만……."

햇볕에 까맣게 그을린 아주머니의 순박한 미소를 보자 저의 까만 속이 부끄러워졌습니다.

"저…… 실은…… 지난여름에 제가 고추를 몇 번 따갔거든요.

어찌나 탐스럽게 익었던지 저도 모르게 그만……. 죄송합니다."

그런데 뜻밖의 대답이 돌아왔습니다.

"그럼 올해도 따서 드세요. 어차피 동네 사람들하고 나눠 먹으려고 심은 거예요. 호호호."

우리 동네 고추밭에는 마음씨 좋은 아주머니의 넉넉한 인심이 풍성하게 여물어가고 있었습니다.

편견을 청소하는 삼부자

"성균아, 힘들지?"

"힘들긴요. 거뜬해요!"

새벽이면 서울 종로 거리에 특별한 삼부자가 나타납니다. 아버지 박병두 씨와 큰아들 성균 씨 그리고 아버지와 형의 뒤를 이은

둘째 재균 씨. 바로 환경미화원 삼부자입니다.

성균 씨는 갈색으로 염색한 머리에 두건을 두르고 귀걸이까지 한 스물여덟 살의 신세대 환경미화원입니다.

"성균아, 나는 말이다, 네가 더 나은 일을 했으면 좋겠어."

"더 나은 일, 못한 일이 어디 있겠어요. 더구나 아버지가 걸어오신 길이잖아요."

철없던 어린 시절에도 성균 씨는 아버지를 부끄러워하지 않았습니다.

"아휴, 냄새! 너희 아빠 청소부라며?"

"우리 아빠 같은 분이 계시니까 거리가 깨끗해지는 거야!"

성균 씨는 친구들이 짓궂게 놀려도 끄덕 않고 오히려 아버지를 자랑스럽게 생각했습니다. 아버지 몸에 밴 냄새는 가족을 풍요롭게 해주는 향기였고, 아버지가 든 빗자루는 가족을 지켜주는 기둥이라고 생각했습니다. 그래서인지 성균 씨는 지금 아버지와 함께 일하는 것이 즐겁기만 합니다.

새벽이슬을 맞으며 거리를 청소하다 정오 무렵이 되면 성균 씨는 천안으로 갑니다. 그곳에 있는 대학교에 다니거든요. 성균 씨가 환경미화원 일을 시작하게 된 이유 중 하나도 공부와 병행하기

위해서였습니다. 넉넉하지 않은 집안 형편으로 뒤늦게 대학에 진학했고, 학비를 벌기 위해 밤에만 일할 수 있는 이 일을 택한 것입니다. 통학버스를 타는 왕복 네 시간은 성균 씨가 부족한 잠을 보충하는 소중한 시간입니다. 낮에는 대학생으로 밤에는 환경미화원으로 누구보다 열심히 살아가는 성균 씨를 보면 우리 시대 아름다운 청춘은 이런 모습이구나 하는 생각이 듭니다.

둘째 재균 씨는 남들보다 일찍 출근해서 늦게 퇴근해야 합니다.

아직 모든 일이 서툰 초보이기 때문입니다. 한때 그는 집안의 골칫거리였습니다. 사춘기 시절, 어려운 가정 형편을 탓하며 삐뚤게 행동하기 일쑤였습니다. 하지만 고등학교를 졸업하고 형보다 일찍 결혼하면서 철이 들었습니다. 딸이 태어난 후로 어깨가 더욱 무거워지자 가족을 부양하기 위해 일을 해야겠다고 마음먹었지요. 고민 끝에 재균 씨는 아버지와 형을 따라 환경미화원이 되기로 했습

니다. 아내도 반대했고, 재균 씨 자신도 환경미화원을 초라하게 생각했지만, 당장 다른 선택의 여지가 없었습니다.

그러던 어느 날 갑작스러운 사고로 아버지가 다리를 다치셨습니다.

"아버지, 이제 일 그만하세요."

"아니다. 걸을 수 있는 한, 나는 평생 일을 할 거다."

아픈 다리를 이끌고 다시 거리로 나선 아버지를 보면서 재균 씨

는 한 가지 깨달음을 얻었습니다.

"그래! 무슨 일이든 최선을 다하면 되는 거야!"

그리고 청소하는 일을 더 이상 부끄럽게 생각하지 않았습니다. 일이 끝나면 재활용품을 모아 조금이나마 살림에 보태기도 합니다.

"여보, 작업복 다려놨어요."

"고마워, 여보."

이제는 아내도 재균 씨를 이해하고 인정합니다.

아! 이분을 빠뜨릴 뻔했네요. 바로 성균 씨와 재균 씨의 어머니입니다. 어머니는 건물 청소 일을 하고 계십니다. 성균 씨 가족 모두 청소와 남다른 인연을 맺고 있는 셈이지요.

이 세상 모든 쓰레기와 이 세상 모든 편견이 사라지는 그날까지 성균 씨 가족의 청소 행진은 계속될 것입니다.

자라지 않던 나무

저는 육군부사관학교를 졸업하고 군 복무를 시작했습니다. 풋내기 생도에서 어엿한 군인으로 생활한 지 3년째 되던 해에 새로운 부서로 옮기게 되었고, 2년 후배와 함께 전혀 다른 업무를 맡았습니다. 새로운 일 앞에서는 나이도 경력도 무색

하다지만 후배에게 뒤처지고 싶지는 않았습니다. 그래서 업무를 익히는 데 모든 시간을 쏟았습니다. 그렇게 두 달을 보내자 여기저기서 칭찬의 소리가 들렸습니다.

"벌써 업무 파악을 다 하다니, 정말 대단한걸!"

그런데 저에 대한 평이 좋아지면 좋아질수록 후배는 미운털이 박혔습니다. 하는 일마다 어수룩해서 선배들의 잔소리를 달고 지냈기 때문입니다.

하루는 후배가 무슨 이유에선지 죽어가는 나무를 화단에 심었습니다.

"죽은 나무를 심으면 어떡해? 당장 갖다 버려!"

그렇게 혼쭐이 나고도 정신을 못 차린 후배는 나무를 도로 땅에 묻었고, 이해할 수 없는 녀석의 한심한 태도에 저는 화가 치밀었습니다.

"그러니까 만날 선임들한테 혼나는 거야. 왜 쓸데없는 일에 매달려? 그렇다고 특별히 잘하는 일이 있는 것도 아니고…… 아휴, 답답해!"

후배는 한마디 대꾸도 없이 묵묵히 듣고만 있었습니다.

그렇게 추운 겨울을 나고 따뜻한 봄을 맞은 어느 날, 후배가 저를 화단으로 이끌었습니다. 초록빛 새순이 돋은 앙상한 나무 앞에 나란히 섰을 때 후배가 말했습니다.

"지난가을, 선배님이 버리라고 하셨던 나무예요. 보세요, 파란 싹을 틔웠어요."

그리고 시간 날 때마다 정성껏 돌봐줬더니 생명을 되찾았다고 했습니다. 저는 그렇게 애쓴 이유를 물었습니다.

"완전히 죽은 게 아니니까요. 살아 있으면 반드시 잎을 틔울 거라 믿었어요.

이 나무의 처지가 저랑 비슷해서 꼭 살리고 싶기도 했고요."

후배의 말에 얼굴이 화끈거리고 가슴이 뜨끔했습니다. 여러 모로 저보다 한참 뒤떨어진다고 생각했던 후배에게 한 수 배운 셈이었지요.

후배가 조금 부족한 점이 있더라도 애정을 가지고 지켜봤다면 어땠을까요. 죽어가던 나무가 새 생명을 얻은 것처럼 기죽어 지내던 후배도 자신감을 얻고 우뚝 일어서지 않았을까요? 뒤늦은 깨달음이지만, 덕분에 저는 후배의 잠재력을 꽃피워주는 조력자로, 진정한 선배로 다시 태어났습니다.

내 아들의 선생님

아들은 선천성 장애로 오른쪽 다리를 접니다. 그게 다 제 탓인 것만 같아 저의 전부를 바쳐서라도 세상으로부터 아들을 지켜주겠다고 오래전부터 마음속으로 결심했습니다. 그래서 밤낮으로 그림자처럼 아들을 따라다녔습니다.

어느덧 아이가 초등학교에 입학할 때가 되었습니다. 아침부터 점심 무렵까지 떨어져 있어야 하는 시간은 아들에게도 저에게도 고통

스러운 시간이었습니다. 한시도 제 품을 떠난 적이 없다 보니 아들아이는 스스로 할 수 있는 게 아무것도 없었습니다. 당연히 학교생활도 엉망이었지요. 혼자 밥을 먹지 못해 점심을 굶기도 하고, 화장실 가는 일이 서툴러 바지를 더럽히는 일도 다반사였습니다. 저는 집에서 안절부절못했지요.

더 이상 집에 가만히 있을 수가 없었습니다. 손가락질 당해도 할 수 없다는 각오로 학교를 집처럼 드나들며 아들을 챙기고 보살폈습니다. 교실이며 화장실 청소까지 자연스럽게 제 차지가 됐지요. 그래도 집에서 걱정만 하고 있는 것보다 나았습니다. 마음이 놓여 오히려 행복했습니다.

"아휴, 왜 저렇게 유난을 떤대요?"

예상대로 같은 반 엄마들은 극성맞다며 저를 두고 수군거렸지만

흔들릴 제가 아니었습니다. 저와 같은 처지였다면 모두 똑같이 했을 거라고 확신했으니까요.

그러던 어느 날, 담임선생님께 드린 선물이 책 한 권과 함께 되돌아왔습니다. 장애가 있는 아이들을 훌륭하게 키운 어머니들의 수필집이었습니다. 안에는 선생님의 메모도 있었습니다.

'어머님, 저는 정이를 진심으로 사랑합니다. 그래서 제 마음을 담은 책 한 권을 보냅니다.'

책 속 어머니들은 제게 많은 이야기를 들려주었습니다. 아이를 계속 도와주면 자꾸만 부모에게 의지하려 하고, 그러다 보면 혼자 할 수 있는 일이 아무것도 없어진다고, 장애아를 위하는 일은 부모

의 무조건적인 보호가 아니라 자립할 수 있는 힘을 길러주는 것이라고 말입니다.

그제야 제가 참 어리석은 엄마였다는 것을 깨달았습니다. 반성의 의미로 선생님께 답장을 썼습니다.

'선생님, 저는 지금껏 아들의 오른쪽 다리가 되어준 것이 아니라 성한 왼쪽 다리마저 못 쓰게 한 못난 엄마였습니다. 하지만 이젠 달라지도록 노력하겠습니다.'

밤새 책을 읽고 편지를 쓴 다음부터 아들과 제 생활에는 많은 변화가 생겼습니다. 혼자 먹고, 혼자 자고, 혼자 옷을 입는 것은 물론 콩나물이나 두부를 사오는 잔심부름도 어느새 아이의 몫이 되었

습니다. 자연스럽게 제 몫은 그런 아들을 지켜보는 일이 되었지요. 선생님의 세심한 배려가 아들과 제게 험한 세상 홀로 일어설 수 있는 마음의 다리를 선물한 셈입니다.

정직한 아이

어릴 때 저는 엄청난 개구쟁이였습니다. 친구들 가방에 몰래 휴지 버리기, 선인장 가시로 맨살 찔러대기, 여자애들 치마 들추기 등등 친구들 괴롭히는 재미로 학교에 다닐 정도였으니까요.

그렇게 못된 짓이란 못된 짓은 죄다 골라 하던 저를 변화시킨 분이 계십니다. 초등학교 3학년 때 담임선생님입니다. 선생님을 생각하면 싱글벙글 웃던 모습과 점심시간마다 그림 그리시던 모습이 제일 먼저 떠오릅니다. 선생님이 그림을 그리실 때면 아이들이 선생님 주위로 우르르 몰려가서 그림을 감상하곤 했지요.

"뭐 대단한 구경거리라고 만날 저렇게 모여 있는 거야?"

비록 저는 그런 친구들을 비웃었지만 말입니다.

종업식을 며칠 앞둔 어느 날이었습니다. 그날도 선생님은 그림을 그리셨고, 저는 친구들과 장난을 치며 교실 안을 뛰어다녔습니다. 그러다 그만 선생님 책상 위에 있던 물통을 엎지르고 말았지요. 책상도 그림도 모두 엉망이 됐습니다.

저는 바짝 긴장한 채로

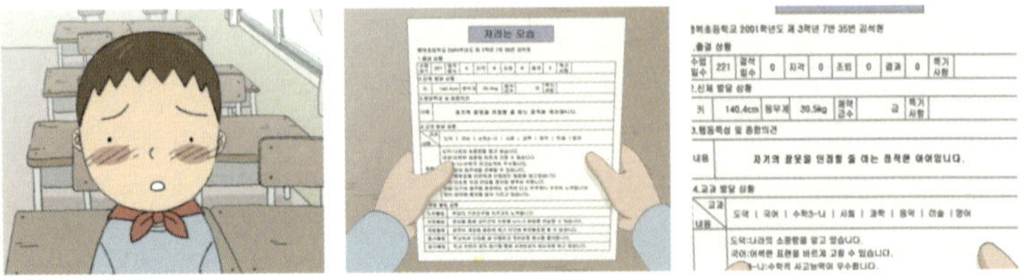

선생님의 꾸중을 기다리고 있었습니다. 그런데 선생님은 그저 말없이 책상만 닦으셨습니다. 기다리는 시간이 더 고통스러웠던 저는 먼저 용서를 구했습니다.

"선생님, 잘못했습니다."

"괜찮아. 네 덕에 책상 청소를 하게 됐구나."

생각지도 못한 그 한마디에 긴장으로 잔뜩 얼어 있던 제 마음은 봄눈 녹듯 스르르 녹아내렸습니다. 그리고 종업식 날, 성적표를 받아보고 저는 또 한 번 감동을 받았습니다.

'자기의 잘못을 인정할 줄 아는 정직한 아이입니다.'

그때 만약 물통을 엎지르지 않았더라면 저는 계속해서 친구들을 괴롭히는 말썽꾸러기였을 겁니다. 하지만 선생님은 '정직'이라는 단어 하나로 저를 완전히 변화시키셨지요. 그것은 철없던 저를 곧고 바르게 세워준 최고의 칭찬이었습니다.

아이와의 약속

일곱 살 아들아이가 몸살감기에 걸렸습니다. 기침에 미열까지 있는 아이를 둘러업고 동네 내과병원을 찾았지요. 병원에 들어서자 아이가 울먹이기 시작했습니다. 병원 특유의 진한 약 냄새와 차가운 분위기 때문에 잔뜩 겁을 먹은 탓이었지요.

"으앙…… 아빠! 싫어, 싫어! 나 주사 안 맞을래요!"

"아빠가 이따가 장난감이랑 과자 사줄게."

이런저런 달콤한 말로 아무리 달래도 아들은 계속 막무가내로 떼를 쓰며 울음을 그치지 않았습니다.

"우리 현우 착한 어린이지? 그러니까 의사선생님도 주사 안 놓으실 거야. 만약 주사를 맞아야 된다고 하시면 아빠가 안 된다고 할게. 자, 현우야! 아빠랑 새끼손가락 걸고 약속하자!"

그제야 안심이 됐는지 아들은 눈물을 그쳤고 의사 앞으로 순순히 걸어갔습니다.

무사히 진찰을 마치고 한시름 놓는가 싶었는데, 이번에는 의사선생님이 저를 당황시켰습니다.

"현우야, 오늘은 주사 맞지 말자."

놀란 표정으로 바라보는 제게

의사가 말하더군요.

"아까 현우랑 약속하시는 걸 들었습니다. 원래는 주사를 맞아야 하지만, 제가 주사를 놓으면 아버님에 대한 현우의 믿음이 깨질 텐데, 현우 마음에 상처를 줄 수는 없지요. 그것보다 감기로 조금 고생하는 게 낫지 않겠습니까? 허허."

순간 얼굴이 홍당무처럼 달아올랐습니다. 단순히 아이를 달래기 위한 거짓말이었는데 아들 입장에서 생각하니 그건 부자지간의 신뢰 문제였던 겁니다.

의사선생님께 꾸중 아닌 꾸중을 들었지만 기분은 좋았습니다. 아이와의 약속을 대수롭지 않게 여긴 무심한 제 마음까지 깨끗이 치료받았으니 말입니다.

성격 급한 엄마

"아휴, 더워. 다 골랐어? 빨리빨리 좀 골라봐."

"엄마, 이거요."

"그건 안 돼. 너무 셔."

"그럼 이건요?"

"그건 색소가 너무 많아서 안 돼."

태양이 이글이글 내리쬐는 어느 더운 여름, 온 식구가 동네 슈퍼마켓에 들렀습니다. 냉장고 안에 있는 각양각색의 아이스크림들은 단번에 아이들의 마음을 사로잡았지요. 그런데 한참이 지나도

뭘 먹을지 결정을 못 하는 겁니다. 지켜보던 저는 결국 아이들에게 신경질을 내고 말았습니다. 그때 말없이 옆에 있던 남편이 제 옆구리를 쿡 찌르며 한마디 했습니다.

"그만 좀 해! 애들한테 왜 그렇게 재촉해? 귀찮으면 먼저 가든가."

날씨는 덥고, 아이들은 말을 안 듣고, 제 편이 되어줘야 할 남편까지 되레 큰소리를 치니까 저도 울컥 화가 치밀었습니다. 그대로 집에 먼저 와버렸지요.

사실 성격 급한 걸로 치면 저보다 더한 사람이 남편입니다. 그런데 신기하게도 아이들에게만은 여유롭습니다. 식당에 가도 남편은 시간이 얼마나 걸리든 아이들에게 메뉴를 고르게 하는 편입니다.

저는 옆에서 뭐라 말도 못하고 속 터지는 경우가 한두 번이 아니었어요. 그런 제 속을 아는지 모르는지 남편은 태연하게 아이들을 기다려주곤 하지요. 부처가 따로 없습니다.

집에 먼저 도착하고 30분쯤 지나서야 아이들이 사탕을 하나씩 손에 쥐고 집에 들어왔습니다.

"아휴, 정말! 불량식품 같은 걸 또 사왔네."

그때 남편이 제 옆에 조용히 다가와 말했습니다.

"여보, 당신도 뭐 사러 갔을 때 옆에서 빨리 사라고 다그치면 조급해져서 고르기 힘들지? 애들도 마찬가지야. 저 나이엔 뭐든 신기하잖아. 그래서 유심히 보는 건데, 그걸 못 기다려주고 무조건 화부터 내면 애들 마음이 어떻겠어? 애들이 뭘 하든 기다려주고 여유롭게 선택할 수 있도록 해줘. 알았지?"

남편의 충고를 듣고 보니 아차 싶었습니다. 저 역시 성격 급한 아버지 밑에서 항상 조급하고 초조한 마음으로 유년시절을 보냈거든요. 그제야 아이들의 행동이 이해가 됐습니다.

이제부터라도 아이들의 의견을 잘 들어주고 아이들의 선택을 존중해주는 엄마가 되어야겠습니다. 그것이 아이들을 위하는 길이고, 제대로 사랑하는 법이겠지요.

노란 신호등

딸아이와 저는 신호등만 보면 웃음을 터트립니다. 신호등에 얽힌 황당한 추억이 동시에 떠오르기 때문입니다.

몇 년 전 화창한 봄날이었습니다. 초등학교에 갓 입학한 딸아이가 횡단보도 앞에서 신호등을 가리키며 물었습니다.

"엄마, 노란불일 때는 어떻게 하는 거예요?"

"음…… 노란불일 때는 빨리 건너면 돼. 곧 빨간불이 되니까 건널 사람들은 빨리 건너라는 뜻이거든."

평소 제가 하는 행동을 아이에게 그대로 말해버린 게 마음에 걸렸지만, 대수롭지 않게 여기며 곧 잊어버렸습니다. 그런데 며칠 후, 학교에서 돌아온 딸아이가 저를 보자마자 울음을 터트렸습니다.

"으앙! 엄마 때문에 친구들 앞에서 창피당했어요, 으앙!"

아이를 달래느라 진땀을 빼고서야 학교에서 있었던 이야기를 들을 수 있었습니다.

"신호등에 노란불이 켜지면 어떻게 해야 할까요?"

교통안전 교육을 위해 학교에 온 경찰아저씨가 아이들에게 물었고, 친구들이 답을 못하고 있자 딸 아이가 손을 번쩍 들고 자신 있게 발표를 했다는 겁니다.

"곧 빨간불이 되니까 빨리빨리 건너가야 해요!"

순간 교실 안이 웃음바다가 되었다는군요. 지금부터는 위험하니까 미리 멈추라는 노란 신호등의 뜻을 반대로 말해버렸으니, 친구들 앞에서 딸이 얼마나 창피했을까요?

"엄마가 미안해……."

생명이 걸린 안전 교육을 제가 너무 소홀히 생각했구나 싶어 딸아이에게 미안했습니다. 대신 그 일을 통해 하나 깨달은 것이 있습니다. 아이들의 신호등은 바로 부모라는 사실입니다. 부모가 건강한 신호등이 되어주어야 자라나는 우리 아이들이 바르고 안전하게 길을 걸을 수 있겠지요.

작은 배려의 감동

몇 년 전, 동료들과 함께 일본으로 출장 갔을 때의 일입니다. 외식업체의 마케팅 부서원인 우리는 일본에 있는 식당을 돌면서 외관부터 서비스까지 조목조목 조사하고 있었습니다. 가장 먼저 찾은 곳은 오래된 꼬치구이 가게였는데 문고리

에 손을 대자 드르륵 하고 미닫이문이 자동으로 열렸습니다.

"우와! 꽤 낡은 건물 같은데, 자동문을 달았네요. 서비스가 확실한데요!"

하지만 가게 안에 들어서자마자 그 문이 수동문이라는 것을 알았습니다. 종업원이 기다리고 있다가 손님이 오면 문을 열어주었던 겁니다. 의자를 빼주는 직원도 있었습니다.

"일마다 담당자가 따로 있다니, 대단해요! 왕 대접을 받는 기분이네요."

우리는 맡은 역할대로 직원들 행동을 찬찬히 살피면서 메모했습니다. 그러다가 저는 볼펜 볼이 빠져서 망가진 볼펜을 테이블 밑 작은 수납공간에 몰래 버렸습니다.

어느덧 밤이 깊었고, 우리는 기분 좋게 가게에서 나와 호텔로 향했습니다. 10여 분쯤 걸었을까요. 호텔에 다 와갈 때쯤 누군가 우리를 애타게 부르는 소리가 들렸습니다. 돌아보니 꼬치구이 가

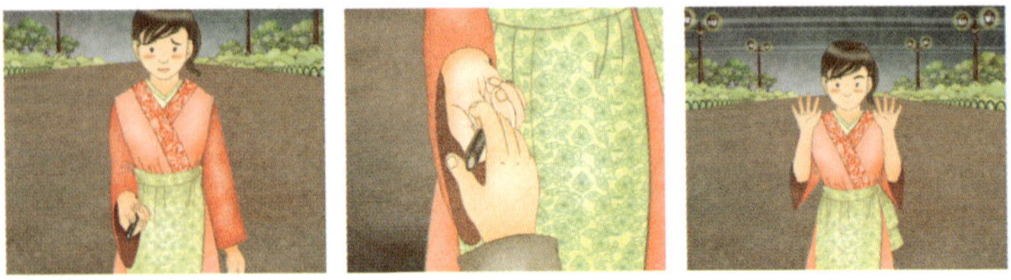

게 종업원이었습니다. 그녀는 제가 버린 볼펜을 내밀었습니다. 송골송골 땀 맺힌 얼굴로 가쁜 숨을 몰아쉬며 환하게 웃는 그녀에게 차마 버린 거라고 말할 수는 없었습니다. 아닌 척하며 얼른 볼펜을 받았지요.

“정말 고맙습니다. 일부러 이렇게 챙겨주시다니!”

“아닙니다. 돌려 드릴 수 있어서 도리어 제가 기쁜걸요.”

타인의 입장을 생각하면서 사소한 것 하나도 소홀함 없이 상대를 진심으로 존중하는 자세. 우리는 그 작은 일본 식당에서 친절과 배려의 참모습을 발견했습니다.

가슴 뚫는 묘약

"소~양강에~ 짜자잔짜!"

"응? 이게 무슨 소리지?"

현관문 밖에서 음정, 박자 다 무시한 홍겨운 트로트 가락이 들려오는 바람에 낮잠에서 깼습니다. 어떤 아주머니가 아파트 복도

를 청소하고 계셨는데, 엉덩이를 실룩이면서 노래하시는 모습이 어찌나 활기차 보이던지, 저도 덩달아 흥겨워지더군요. 덕분에 의욕이 불끈불끈 솟아 정말 오랜만에 집안 청소를 시작했습니다. 즐거운 마음으로 청소를 하니 아주머니처럼 노래가 절로 나왔습니다. 그날이 바로 아주머니를 처음 만난 날입니다.

아주머니는 일주일에 한 번씩 아파트 계단을 청소하러 오십니다. 한 달에 3천 원만 내면 꼼꼼한 비질과 걸레질은 기본이고 벽에 붙은 광고 스티커까지 깨끗이 떼어주십니다. 동네에서 둘째가라면 서러울 만큼 게으른 저도 아주머니가 오시는 날만큼은 부지런을 떨게 됩니다. 아주머니의 흥겨운 노랫소리가 저를 가만두지 않

기 때문입니다.

하루는 아주머니와 이야기할 기회를 갖게 됐습니다.

"아주머니, 커피 좀 드시고 하세요."

"아유, 고마워요."

저는 이때다 하고 궁금했던 것을 살짝 여쭤봤습니다. 늘 기분이 좋아 보이신다고 했더니 아주머니는 뜻밖에도 가슴 아픈 사연을 털어놓으셨습니다.

"사실 몇 년 전까지만 해도 항상 체한 것 같이 가슴이 답답한 게, 정말 미치는 줄 알았어요."

아주머니의 남편은 긴긴 세월 도박에 빠져 있다가 결국 가산을

탕진하고는 병으로 앓아누웠고, 하나뿐인 아들은 친구의 보증을 잘못 서서 신용불량자가 됐다고 했습니다. 눈앞에 보이는 거라고는 체납 고지서뿐인 갑갑하고 막막한 현실. 그때 아주머니가 할 수 있는 거라고는 멍이 들 정도로 가슴을 치는 일뿐이었다고 했습니다. 결국 화병으로 병원에 다니게 되었는데, 그때 의사가 권한 처방법이 크게 소리 지르거나 신나게 노래 부르는 거였답니다. 화가 났을 때 절대 혼자 끙끙 앓지 말라는 당부와 함께요. 속는 셈치고 한번 해봤더니 정말 가슴에 맺혔던 응어리가 서서히 풀렸다고 했습니다.

"생각만 고쳐먹어도 마음이 정말 편해집디다."

그러면서 아주머니는 답답한 처지를 비관만 하고 있기보다

그 뒤에 숨은 긍정적인 면을 찾으려 노력하면서 열심히 살다 보면 분명 몸도 마음도 건강해질 거라고 덧붙이셨습니다. 아주머니의 막힌 가슴을 뻥 뚫어준 묘약은 바로, 희망을 담아 노래하는 긍정적인 마음가짐이었던 것입니다.

1 미안해요_ "당신의 진심을 몰랐어요"

엄마의 가슴
원작 | 엄마의 가슴 (방송작가 김명애)
애니메이션 | 박은영, 고인식, 강은주 (솔구름미디어존)

20년 만의 이해
원작 | 20년 만에 알게 된 아버지의 청각장애 (경기도 동두천시 지행동 김용운 님 실화)
애니메이션 | 박정운 (찬비)

세상에서 하나뿐인 친구
원작 | 개를 괴롭히는 아이 (부산시 사하구 당리동 김가비 님 실화)
애니메이션 | 손현수, 정연현, 김은기, 옥영관, 조연정 (핸드앤툴)

단무지 모정
원작 | 단무지 모정 (충청북도 천안시 성정동 김현진 님 실화)
애니메이션 | 서양원 (짜박)

엄마의 머리카락
원작 | 엄마의 까만 머리카락 (방송작가 한현진)
애니메이션 | 고인식 (솔구름미디어존)

청바지가 잘 어울리는 엄마
원작 | 청바지가 잘 어울리는 엄마 (경상북도 문경시 모전동 고주희 님 실화)
애니메이션 | 강민경 (짜박)

철없는 딸의 고백
원작 | 가슴 사무친다 (서울시 강서구 화곡3동 한영미 님 실화)
출전 | 〈월간 중앙〉㈜이아이닥 후원 '아름다운 세상 만들기' 수기 공모 당선작
애니메이션 | 봉아리, 이혜정 (오후미디어)

값비싼 청구서의 비밀
원작 | 값비싼 통화요금 (방송작가 김명애)
애니메이션 | 손현수, 정연현, 옥영관 (핸드앤툴)

모시조개와 미역국
원작 | 모시조개와 미역국 (방송작가 신보경)
애니메이션 | 이수명 (오후미디어)

한지붕 한가족
원작 | 한지붕 한가족 (방송작가 한현진)
애니메이션 | 박은영, 박은별, 이선희 (솔구름미디어존)

2 사랑해요_ "당신의 사랑이 나를 살게 합니다"

크리스마스 프러포즈
원작 | 특별한 기억의 크리스마스 (서울시 중랑구 중화2동 김선화 님 실화)
애니메이션 | 이병헌 (솔구름미디어존)

세상에서 가장 소중한 사람
원작 | 가장 소중한 것 (작자미상)
애니메이션 | 강정현, 박경현 (애니2000)

아빠의 마음
원작 | 아빠의 마음 (전라남도 목포시 옥암동 유정옥 님 실화)
출전 | 월간 〈샘터〉 2008년 2월호
애니메이션 | 김혜경 (오후미디어)

엄마는 일등 운전사
원작 | 엄마는 일등 운전사 (방송작가 한현진)
애니메이션 | 이병현, 조아진, 정남희 (솔구름미디어존)

통장으로 쓴 편지
원작 | 인터넷뱅킹으로 사랑을 (광주시 서구 금호동 김자영 님 실화)
애니메이션 | 김소영, 김정선 (물체주머니)

태담의 기적
원작 | 사랑의 태담 (서울시 동작구 대방동 박지영 님 실화)
애니메이션 | 김경은, 조원구, 전규성 (물체주머니)

사랑의 손맛
원작 | 사랑이 담긴 부침개 (방송작가 한현진)
애니메이션 | 김연주 (오후미디어)

40년 단골손님
원작 | 단골 이발관 (대구시 달서구 진천동 최수진 님 실화)
애니메이션 | 강정현, 오영훈 (애니2000)

돌고 돈 보약
원작 | 어머니께 바친 첫 보약 (대전시 중구 문화동 양인숙 님 실화)
애니메이션 | 민경 (솔구름미디어존)

시어머니의 속사랑
원작 | 시어머니의 사랑 (방송작가 김명애)
애니메이션 | 손현수, 정연현, 김은기, 옥영관, 조연정 (핸드앤툴)

사랑을 적립하는 수첩
원작 | 사랑의 적립장 (경기도 성남시 분당구 이매동 김혜원 님 실화)
애니메이션 | 강정현, 박경현 (애니2000)

아줌마들의 가을여행
원작 | 아줌마들의 가을여행 (방송작가 김명애)
애니메이션 | 김연주 (오후미디어)

3 행복해요_ "아이야, 너는 감동이란다"

손녀에게 배운 사랑
원작 | 손녀에게 배운 교훈 (강원도 원주시 단계동 함선호 님 실화)
애니메이션 | 이민주, 박은정, 이예주 (솔구름미디어존)

함께 그린 그림
원작 | 함께 그린 그림 (방송작가 한현진)
애니메이션 | 손현수, 정연현, 조연정 (핸드앤툴)

장학생이 될래요
원작 | 장학생이 될래요 (서울시 송파구 풍납동 김춘경 님 실화)
출전 | 월간 〈샘터〉 2004년 7월호
애니메이션 | 연정주, 김진희 (aniB105)

돕는 것이 행복한 아이
원작 | 마음이 어른보다 깊고 넓은 아이 (대전시 대덕구 중리동 안현숙 님 실화)
애니메이션 | 김혜경 (오후미디어)

귀여운 영양제
원작 | 귀여운 영양제 (전라북도 전주시 덕진구 송천동1가 이우영 님 실화)
애니메이션 | 김경은, 김소영 (물체주머니)

짝짝이 구두
원작 | 두 아들 장단에 짝짝이 구두 신고 (경기도 성남시 중원구 상대원3동 최호경 님 실화)
애니메이션 | 김혜정 (애니마포럼)

꼬마 영웅
원작 | 그래, 잘했구나 (경기도 오산시 궐동 이상희 님 실화)
애니메이션 | 김경은, 최경선 (물체주머니)

싱싱한 광고
원작 | 싱싱한 광고 (방송작가 김명애)
애니메이션 | 손현수, 정연현, 김은기, 옥영관, 조연정 (핸드앤툴)

우리 아들은 1등
원작 | 3등 우리 아들 (충청북도 충주시 칠금동 허선희 님 실화)
애니메이션 | 차정연 (아트플러스엠)

아들의 새벽운동
원작 | 아들의 새해 선물 (방송작가 김명애)
애니메이션 | 연정주, 신동순 (aniB105)

4 고마워요_ "당신이 큰 힘이었어요"

마음을 잇는 포옹
원작 | 프리허그로 하나 되는 우리 (경상북도 문경시 모전동 김준식 님 실화)
출전 | 대한민국 육군뉴스 '장병문예'
애니메이션 | 조경아 (짜박)

우정의 안전띠
원작 | 운전면허 시험장에서 (작자미상)
애니메이션 | 김미라 (애니마포럼)

행복한 뇌물
원작 | 사모님! 이거 뇌물입니다 (부산시 영도구 봉래동2가 권은심 님 실화)
애니메이션 | 홍재영, 박현미, 안소연 (비온뒤)

참기름처럼 고소한 행운
원작 | 정직한 노신사 (전라북도 군산시 나운3동 임혜영 님 실화)
애니메이션 | 배윤희 (찬비)

얼굴 없는 천사
원작 | 행복한 소포 (경기도 화성시 반월동 유형상 님 실화)
애니메이션 | 김경은, 김소영, 전규성, 조원고 (물체주머니)

우산을 챙기는 마음
원작 | 우산을 챙기는 마음 (서울시 강남구 청담동 오정순 님 실화)
애니메이션 | 박은영, 장승룡, 민경, 고인식 (솔구름미디어존)

사랑의 보일러
원작 | 사랑의 보일러 (서울시 성동구 송정동 이영수 님 실화)
애니메이션 | 김경숙 (애니마포럼)

마음의 흉터
원작 | 마음의 흉터 (방송작가 신보경)
애니메이션 | 한세화 (아트플러스엠)

오지에서 생긴 일
원작 | 오지에서 생긴 일 (방송작가 김명애)
애니메이션 | 김경은, 조원구, 전규성, 김소영 (물체주머니)

여분의 행복
원작 | 여분의 행복 (전라북도 전주시 완산구 삼천동1가 김성균 님 실화)
애니메이션 | 허재선 (아트플러스엠)

5 괜찮아요_ "내일은 더 좋은 사람이 될 거예요"

우리 동네 고추밭
원작 | 세곡동 고추밭 (서울시 강남구 세곡동 드라마작가 박진숙 님 실화)
애니메이션 | 최용석 (애니2000)

편견을 청소하는 삼부자
원작 | 편견을 청소하는 삼부자 (서울시 성북구 삼선동5가 박성균 님 실화)
애니메이션 | 박은영, 고인식, 민경, 박은별, 노현정 (솔구름미디어존)

자라지 않던 나무
원작 | 자라지 않던 나무 (충청남도 서산시 고북면 신정리 이상현 님 실화)
애니메이션 | 원성덕 (애니2000)

내 아들의 선생님
원작 | 잊지 못할 우리 아들의 선생님 (인천시 부평구 청천2동 성화순 님 실화)
출전 | 한국스카우트연맹 '사랑해요 선생님' 수기 공모 당선작
애니메이션 | 이정민 (짜박)

정직한 아이
원작 | 잊혀지지 않는 선생님 (경기도 하남시 창우동 장윤조 님 실화)
애니메이션 | 김영주 (aniB105)

아이와의 약속
원작 | 막내와의 약속 (인천시 남동구 만수5동 박덕호 님 실화)
애니메이션 | 조경아 (짜박)

성격 급한 엄마
원작 | 성격 급한 엄마 (광주시 서구 금호동 김자영 님 실화)
애니메이션 | 오창민 (물체주머니)

노란 신호등
원작 | 노란불은 어떻게 하라는 거지요? (일본 임미옥 님 실화)
애니메이션 | 민경, 이선희 (솔구름미디어존)

작은 배려의 감동
원작 | 마음을 움직이는 배려 (서울시 송파구 풍납동 김재철 님 실화)
출전 | ㈜삼양 사보 〈우리 함께〉 2008년 3·4월호
애니메이션 | 강민경 (짜박)

가슴 뚫는 묘약
원작 | 답답한 가슴 뻥 뚫는 묘약 (전라북도 군산시 나운동 윤현숙(가명) 님 실화)
출전 | 월간 〈샘터〉 2005년 2월호
애니메이션 | 강정현, 박경현 (애니2000)

POST

〈TV동화 행복한 세상〉은 ☐ 다!

TV동화 속 사람들이 말하는 **행복한 세상** 이야기

〈TV동화 행복한 세상〉은 '매일 먹는 밥'입니다.

슬프기도 하고 아름답기도 하고 감동을 주기도 하고 교훈도 있는 이야기를, 매일 밥을 먹듯 하루에 한 번씩 만나게 해주니까요. _박인식 프로듀서

〈TV동화 행복한 세상〉은 '사탕꾸러미' 입니다.

다양한 색깔, 다양한 맛의 추억을 만날 수 있으니까요. 사탕꾸러미 속 사탕을 하나씩 꺼내 먹듯 짧아서 아쉽지만, 잠시나마 달콤새콤한 행복을 맛볼 수 있으니까요. _김용운 님 ('20년 만의 이해' 원작자)

〈TV동화 행복한 세상〉은 '들꽃' 입니다.

만나면 반갑고, 화려하지 않은 편안함이 빛나는 감동을 안겨주니까요.

_고주희 님 ('청바지가 잘 어울리는 엄마' 원작자)

〈TV동화 행복한 세상〉은 '명절' 입니다.

명절 때면 가족이 모두 모여 이런저런 이야기도 나누고 서로 보듬어주잖아요. 〈TV동화 행복한 세상〉도 그런 시간인 것 같아요. 비록 모르는 사람들의 이야기지만 함께 나누다 보면 힘들었던 마음이 어느새 풀어지거든요.

_이상현 님 ('자라지 않던 나무' 원작자)

〈TV동화 행복한 세상〉은 '무지개' 입니다.

빨주노초파남보 아름다운 일곱 빛깔 속에 우리 인생의 희로애락을 담고서, 마음과 마음을 이어주며, 동화 같은 꿈을 꾸게 하니까요.

_김선화 님 ('크리스마스 프러포즈' 원작자)

〈TV동화 행복한 세상〉은 '한겨울의 아랫목'입니다.

한 편 한 편 동화 같은 이야기들을 만날 때마다 따뜻한 아랫목에 이불을 펴고 온 식구가 둘러앉아 이야기꽃 피우던 시절이 떠오르니까요. 생각하면 정겨움에 가슴 뭉클한, 부족한 건 많아도 마음만은 행복했던 시절이었습니다.

_유정옥 님 ('아빠의 마음' 원작자)

〈TV동화 행복한 세상〉은 '친정엄마표 택배상자'입니다.

보고 있으면 사랑, 나눔, 희망, 정성, 눈물, 그리움, 감동이 듬뿍 담겨 있는 엄마의 택배상자가 떠오르니까요. 〈TV동화 행복한 세상〉도, '친정엄마표 택배상자'도 제게는 모두 보물상자입니다. _김자영 님 ('통장으로 쓴 편지', '성격 급한 엄마' 원작자)

〈TV동화 행복한 세상〉은 '마음의 거울'입니다.

겉으로 드러나지 않고 표현도 못하는 제 마음을 〈TV동화 행복한 세상〉이라는 거울에 비춰보면 잊고 있던 삶의 행복을 느끼게 됩니다. 어둡고 답답한 세상 속에 메말라가던 마음을 반성하게 됩니다. _함선호 님 ('손녀에게 배운 사랑' 원작자)

〈TV동화 행복한 세상〉은 '숨은 동화 찾기'입니다.

늘 같은 모습으로 같은 일을 하며 사느라 미처 못 보고 지나친 주변 사람들의 동화 같은 이야기를 들려주니까요. 그 동화 속에는 기쁜 일, 웃는 일, 좋은 일, 보람찬 일도 있지만 안 좋은 일, 화나는 일, 짜증나는 일, 슬픈 일도 있습니다. 삶의 모습을 그대로 보여주는 것 같아 더욱 공감이 되고, 정이 갑니다. 그러고 보면 우리네 삶 자체가 동화이고, 우리는 그 동화 속에 등장하는 주인공들이 아닐까요?

_안현숙 님 ('돕는 것이 행복한 아이' 원작자)

〈TV동화 행복한 세상〉은 '간이역'입니다.

평소에는 급행열차를 타고 지나느라 그 존재조차 인식하지 못한 채 살아가지만, 어쩌다 한번 내려서 걸어보면 고향마을처럼, 대도시와는 비교가 안 될 정도로 사람냄새 물씬 풍기는 곳이니까요. _이우영 님 ('귀여운 영양제' 원작자)

〈TV동화 행복한 세상〉은 '동창생'입니다.

사랑과 용서, 감동과 그리움, 슬픔과 기쁨이 어우러진 〈TV동화 행복한 세상〉은 언제나 저를 울고 웃게 합니다. 이야기 속 사람들의 기쁨이 내 기쁨인 양 행복하고, 그들의 슬픔이 내 슬픔인 양 가슴을 엡니다. 그건 아마 이 시대를 함께 살아가는 '우리'라는 동창생들의 이야기이기 때문이겠지요.

_이상희 님 ('꼬마 영웅' 원작자)

〈TV동화 행복한 세상〉은 '양파' 입니다.

생으로 먹으면 코끝 찡한 눈물을 주고 볶아 먹으면 부드럽고 달콤한 맛을 선사하는 양파처럼, 껍질을 까면 깔수록 탱탱해지는 양파처럼, 한 꺼풀 한 꺼풀의 사연이 따뜻한 정과 즐거움과 눈물을 머금은 매력을 가졌으니까요.

_허선희 님 ('우리 아들은 1등' 원작자)

〈TV동화 행복한 세상〉은 '사랑방' 입니다.

사랑방 주인이었던 할아버지가 반닫이에서 곶감을 꺼내주며 옛날이야기를 들려주셨던 것처럼, 사랑방 주인이었던 아버지가 전국 각지에서 찾아온 손님들과 술독을 놓고 둘러앉아 세상이야기를 나누셨던 것처럼, 슬프지만 아름답고, 아프지만 행복한 사람들의 이야기가 이곳에서 펼쳐지니까요.

_김준식 님 ('마음을 잇는 포옹' 원작자)

〈TV동화 행복한 세상〉은 '아이들에게 선물하고픈 등불' 입니다.

정직하게 살아가는 사람들의 이야기, 어려운 환경에서도 아름답게 살아가는 사람들의 이야기가 어두운 세상을 조금씩 밝혀주듯 두 아들의 삶에도 빛을 줄 거라 믿으니까요. _임혜영 님 ('참기름처럼 고소한 행운' 원작자)

〈TV동화 행복한 세상〉은 '행복편지'입니다.

아름답고 소중한 우리의 이야기로 얼어붙었던 제 가슴에 행복을 안겨주고, 그리운 사람에게 제 마음까지 대신 전해주니까요.

_유형상 님 ('얼굴 없는 천사' 원작자)

〈TV동화 행복한 세상〉은 '아이스크림' 입니다.
짧은 시간에 금방 녹아 온 가슴을 달콤하게 만드니까요. 우리에게 감동을 주고 우리를 행복하게 하는 〈TV동화 행복한 세상〉 속 주인공들은 아마도 자신의 삶을 세상에 먼저 녹인 사람들이겠지요. _오정순 님 ('우산을 챙기는 마음' 원작자)

〈TV동화 행복한 세상〉은 '사랑+' 입니다.
제가 얼마나 사랑받고 있는지, 제가 받은 사랑을 어떻게 나눠야 할지 알게 하니까요. _이영수 님 ('사랑의 보일러' 원작자)

〈TV동화 행복한 세상〉은 '첫눈' 입니다.
기다리게 하고 그립게 하니까요. 목도리와 털장갑, 군고구마와 캐럴, 아랫목과 어머니처럼 포근하기도 하고, 매운 회초리처럼 차갑기도 하니까요. 그리고 가끔은 그리운 사람 떠올리며 울고 싶게 하니까요. _김성균 님 ('여분의 행복' 원작자)

〈TV동화 행복한 세상〉은 '해피 엔드' 입니다.
"그래서 주인공은 오래오래 행복하게 살았답니다."라는 동화 속 마지막 문장이 떠올라 저도 모르게 미소 짓게 되니까요. 각자의 삶 속에 이런 순수한 동화 한 편씩 담고 살아간다면 우리 사는 세상은 희망이 넘쳐나겠지요. 생각만 해도 마음이 따뜻해집니다. _장윤조 님 ('정직한 아이' 원작자)

〈TV동화 행복한 세상〉은 '내 인생의 빨간 신호등' 입니다.
씽씽 달리다가도 빨간 신호만 보면 자동차의 브레이크를 밟아야 하는 것처럼 바쁜 일상에서 그냥 지나치기 쉬운 일들을 잠시 멈추어서 바라보게 만드니까요. 다음 신호를 기다리는 동안 보게 되는 주변 풍경처럼 〈TV동화 행복한 세상〉은 따뜻한 감동, 작은 행복으로 삶을 되돌아보게 합니다. _박덕호 님 ('아이와의 약속' 원작자)

〈TV동화 행복한 세상〉은 '아버지의 군고구마' 입니다.
볼 때마다 어릴 적 겨울, 아버지가 사다주신 따끈한 군고구마가 생각납니다. 행여 식을까 가슴에 군고구마를 품고 오시던 모습이 화면에 겹쳐지면서 아버지의 따스한 사랑을 고스란히 느낄 수 있습니다. _김재철 님 ('작은 배려의 감동' 원작자)

TV동화 행복한 세상 · 8

1판 1쇄 발행 2009년 12월 29일
1판 5쇄 발행 2017년 7월 5일

기획·구성 박인식
펴낸이 김성구

단행본부 박혜란 이은정 김민기 나성우 김동규
디자인 홍석훈 문인순
제 작 신태섭
마케팅 최윤호 송영호 유지혜
관 리 노신영

펴낸곳 (주)샘터사
등 록 2001년 10월 15일 제1-2923호
주 소 서울시 종로구 대학로 116 (03086)
전 화 02-763-8965(단행본부) 02-763-8966(영업마케팅부)
팩 스 02-3672-1873 이메일 book@isamtoh.com 홈페이지 www.isamtoh.com

ISBN 978-89-464-1765-6 04810
ISBN 978-89-464-1794-6 04810(세트)

이 도서의 국립중앙도서관 출판시도서목록(CIP)은 서지정보유통지원시스템 홈페이지(http://seoji.nl.go.kr)와
국가자료공동목록시스템(http://www.nl.go.kr/kolisnet)에서 이용하실 수 있습니다. (CIP제어번호:CIP2009004062)

값은 뒤표지에 있습니다.
잘못 만들어진 책은 구입처에서 교환해 드립니다.